PANCHO VILLA

PANCHO VILLA

El Dorado de la
Revolución Mexicana

por Marco Antonio Gómez Pérez

Grupo Editorial Tomo, S.A. de C.V.
Nicolás San Juan 1043
03100 México, D.F.

1a. edición, octubre 2002.
2a. edición, junio 2003.
3a. edición, julio 2004.

©   Grupo Editorial Tomo, S.A. de C.V.
    Pancho Villa

©   2004, Grupo Editorial Tomo, S.A. de C.V.
    Nicolás San Juan 1043, Col. Del Valle
    03100 México, D.F.
    Tels. 5575-6615, 5575-8701 y 5575-0186
    Fax. 5575-6695
    http://www.grupotomo.com.mx
    ISBN: 970-666-605-2
    Miembro de la Cámara Nacional
    de la Industria Editorial No 2961

Proyecto: Marco A. Gómez P.
Diseño de Portada: Emigdio Guevara
Formación Tipográfica: Servicios Editoriales Aguirre, S.C.
Supervisor de producción: Leonardo Figueroa

Impreso en México - *Printed in Mexico*

Contenido

Prólogo

L a vida de Doroteo Arango Arámbula está escrita con letras llenas de sangre, inteligencia, pasión, venganza, soberbia, admiración, odio, amistad a toda prueba, indiferencia ante la muerte del enemigo, de llanto ante la desaparición de amigos y familiares y una amplia gama de sentimientos en contra y en favor de este singular personaje central de la Revolución Mexicana, la primera del siglo xx.

Ha sido acusado de asesino, bandolero, ladrón, cuatrero y se le han dado mil calificativos más, pero lo que para algunos son defectos, para otros son cualidades; si Doroteo Arango se dedica a actuar al margen de las leyes, se debe a que éstas son injustas y se aplican en favor de quienes tienen más dinero, posesiones e influencias, y nunca para hacer justicia a los humildes campesinos, labriegos, mineros y obreros quienes sufren la explotación más cruel; del producto de su trabajo y a costa de su salud y la de sus familias, sólo obtienen migajas que apenas sirven para sobrevivir en la extrema pobreza.

Así, desde que Doroteo Arango es adolescente, tiene que vivir prófugo en la sierra. En tanto que la justicia nunca ha llegado para él ni para su familia y amigos, roba y asesina a hacendados, caciques, rurales y policías; lo hace para defenderse de la sociedad que lo ha marginado, que no le ha mostrado el beneficio de convivir en paz y con justicia; además de obtener ganancias de sus robos para él y sus secuaces, Doroteo Arango distribuye parte de lo robado entre la mucha gente pobre que existe en su época en los estados de Chihuahua, Coahuila, Durango y Nuevo León, principalmente. Por eso, para algunos es un villano y para otros, un héroe.

Ése es el estigma de quienes nacen para destacar; la fuerza de su carácter, la inteligencia, el poder de sobrevivir en condiciones extremas, la agudeza intuitiva y desde luego, la pasión, la crueldad y la aparente indiferencia hacia la muerte son algunas de las características de un destacado héroe-villano. Pancho Villa está hecho para la carrera de las armas, para la estrategia militar; gracias a su audacia se atreverá a hacer lo que otros no pueden.

Pancho Villa es *el Dorado, el Centauro del Norte*, el caudillo, el general por definición, un Napoleón a la mexicana, sin tantas pretensiones pero igualmente profundo y audaz, soberbio y ambicioso; aunque de cuna por demás humilde, es notorio que nunca renuncie a su origen ni reniegue de él.

Desde muy niño tiene la necesidad de trabajar a costa de vivir en la ignorancia de las letras, no ha aprende a leer y a escribir porque en la pobreza las escuelas y los diplomas no están al alcance.

Un grave incidente entre su hermana menor y el típico hijo del papá millonario que la ofende marcan la juventud de Doroteo Arango; al provocar la muerte del cacique sin futuro, aquél se convierte en prófugo y en Pancho Villa, el líder carismático, inteligente, soberbio, audaz, temerario, aventurero y engreído también general de la División del Norte, nada menos y sí mucho más.

Ésta es su vida; sé tú, lectora-lector, quien las juzgue, sé parte de la historia y analiza la verdadera dimensión de este personaje tan odiado y amado al mismo tiempo, símbolo inequívoco de alguien predestinado a llevar a cabo notorias y reprochables acciones, caritativas o perjudiciales obras que a diferencia de las que realiza cualquier persona, éstas afectan a miles de personas, para bien o para mal.

1

El México que antecede a Pancho Villa

Lucha de liberales y conservadores

El 27 de septiembre de 1821, México logra su independencia después de tres siglos de dominación española luego de una lucha iniciada en 1810 y marcada por agudos conflictos internos. Aunque en 1824 se aprueba ya la primera Constitución política que establece el orden republicano y federal, los gobiernos que siguen no saben gobernar con la independencia recientemente adquirida; por eso, la jerarquía católica adquiere un poder que sobrepasa con mucho a cualquier otro en el continente americano.

Por otro lado, los españoles siguen influyendo en el gobierno (y corrupción en muchos casos) del país, pues aún ocupan cargos importantes en la administración pública, en el ejército y en la Iglesia católica. En realidad, hasta la mitad del siglo XIX existe en México un movimiento conservador.

En el proceso posterior a la consecución de la independencia, el país sufre diversas amenazas externas que debilitan a los gobiernos nacionales y absorben los escasos recursos económicos disponibles. En 1829 se verifica un inútil intento de invasión por parte de España con el fin de reconquistar lo perdido; en 1836 Texas, apoyada por otras colonias estadounidenses, declara su independencia y, finalmente, entre 1846 y 1848 se origina una desproporcionada e injusta guerra contra Estados Unidos, misma que concluye con la pérdida de los extensísimos territorios de California y Nuevo México, mediante un tratado que establece nuevos límites entre ambos países, lo que representó un gran descalabro para México y la pérdida de más de la mitad del país.

En 1855, la revolución liberal fractura totalmente la vida política mexicana, ya que con su lucha, los liberales tratan de destruir el bien construido bloque conservador para crear una nueva administración y favorecer el progreso económico, de acuerdo con la modernidad existente en el país y en otros países del mundo. Y aquella gran fuerza que ostenta la jerarquía religiosa católica es hecha a un lado durante 1856, cuando se promulga la primera ley para la venta del patrimonio eclesiástico, con tres objetivos muy bien definidos: obtener nuevas y mejores entradas fiscales; dividir la propiedad de la tierra para que ésta no continúe en unas pocas manos, y limitar el poder de la Iglesia católica (cuyos bienes serán enajenados en 1863).

Hacia 1858 una reacción de los conservadores y de la Iglesia católica provoca una guerra civil que dura tres años y busca el establecimiento de un gobierno realista bajo la tutela de alguna potencia europea. Con el apoyo militar y financiero de Francia se instaura el efímero reinado de un desorientado y mal informado Maximiliano de Habsburgo, quien llega a México en 1864 junto con su esposa Carlota de Bélgica.

El gobierno de Maximiliano no sabe dirigir al país porque desconoce totalmente la idiosincrasia de los mexicanos y termina siendo derrotado por los liberales, encabezados por Benito Juárez. Pero no terminan aquí los graves problemas del país, ya que ahora son las presiones de la diplomacia americana las que, después de terminada su propia guerra civil en 1865, hacen valer el principio aquel de "América para los americanos", es decir, nunca más bajo las potencias europeas, aunque aquí todavía no se descubre que los "americanos" son exclusivamente los nacidos o radicados en Estados Unidos.

Entre los siglos XIX y XX

En 1867, la restauración liberal del régimen republicano, bajo la mano de Benito Juárez, permite una compleja fase de reacomodo político que se prolonga durante diez años, al final de los cuales surgen nuevos exponentes políticos.

Al arribar al poder el general Porfirio Díaz en 1877, se da una separación con la cultura liberal y reformista del periodo anterior y se abre un régimen conservador que permanecerá en el poder durante treinta años, disfrazado de democracia, pero llevado a cabo como una dictadura, aunque para llegar a presidente por primera vez, Díaz convence a miles de mexicanos de que la reelección no se debe dar en México, sino solamente en su persona.

A pesar de esta premisa electoral, en 1884 es aprobada una modificación a la Constitución de 1857: la reelección del presidente Díaz, extensiva también a los gobernadores de los estados, para lograr estabilizar a los gobiernos locales, evitar brotes de guerra civil y, además, lograr la prerrogativa del presidente para designar a los candidatos a estos puestos de elección popular.

Así, con este sistema de reelección, los pocos políticos de confianza que apoyan al presidente se convierten en una elite muy concentrada que apenas supera, en tres decenios, una media centena para los cargos ministeriales y no rebasan los doscientos para los cargos gubernamentales en los estados.

El norte del país

En vísperas de la revolución, Chihuahua es el centro del imperio económico de Luis Terrazas, quien ha hecho de ese estado un verdadero feudo familiar. La base de su fortuna es la creación de un inmenso latifundio en las tierras fértiles de la región, subdividido en diferentes haciendas ganaderas que se extienden a lo largo de ¡2 millones de hectáreas!, con más de 400,000 cabezas de ganado.

Utilizando a sus catorce hijos, establece vínculos matrimoniales con las principales familias de la región, creándose así el "clan Terrazas", que domina la economía y la política de todo el estado. Uno de sus miembros, Enrique Creel, hijo de un ex cónsul estadounidense y yerno de Luis Terrazas, es electo gobernador del estado en 1904; éste será el hombre clave en las relaciones de la familia con los principales capitalistas extranjeros, presentes en la industria extractiva de Chihuahua y en las finanzas a nivel nacional.

El movimiento revolucionario en la región será el resultado de una movilización social contra esta potente oligarquía chihuahuense y por esto se adhieren a ella exponentes de la clase media urbana, jornaleros, pequeños arrendatarios y propietarios cargados de deudas e imposibilitados para competir en los mercados locales.

Éste es el México en el que nace y tiene lugar la infancia y adolescencia del joven Doroteo Arango Arámbula, quien posteriormente se hará llamar Francisco "Pancho" Villa, y así será conocido por sus contemporáneos y por la historia.

2

De peón a asaltante

Doroteo Arango Arámbula nace el miércoles 5 de junio de 1878 en un rancho pequeño llamado La Coyotada, en el caserío de Río Grande, ubicado en el municipio de San Juan del Río en el estado de Durango; es el primer hijo de los labriegos Agustín Arango y Micaela Arámbula, quienes tendrán cuatro hijos más: Antonio, Hipólito, Ana y Martina.

Muy poco se sabe de la infancia de Doroteo, la cual transcurre entre su familia, el campo y la ciudad de Chihuahua, que visita con frecuencia. Su padre trabaja en una hacienda en labores de aparcería; don Agustín y doña Micaela son un matrimonio analfabeta y muy pobre que sólo hereda carencias a sus hijos.

A los pocos años, don Agustín fallece, más por llevar una vida llena de tristeza, desgracia y penuria que por la extrema delgadez que siempre tuvo; deja a sus cinco hijos y viuda en una tremenda pobreza que los mueve hacia Río Grande, a los inmensos terrenos de la familia López Negrete.

Desde pequeño, Doroteo cuida ganado; es muy serio, íntegro, altanero, divertido a veces, temido por todos sus amigos y jóvenes que están cerca de él; destaca también por su amplio sentido de la justicia, aunque desconoce que ésta no se aplica de igual manera a los pobres y miserables que a los hacendados, gobernantes, terratenientes, caciques y cualquier persona que tenga mucho dinero o posesiones.

Esto lo descubre Doroteo durante su infancia, cuando tiene un pleito grave. Un individuo de apellido Benítez, queriendo abusar de su estatura y presumiendo ser muy hombre, se enfrenta a Doroteo; durante la lucha salen a relucir armas, y el pequeño Arango es acusado de intento de homicidio; gracias a sus lazos de amistad con Pablo Valenzuela, un hacendado de mucho respeto, el pastor y labriego sale de la cárcel.

En 1895, cuando Doroteo tiene diecisiete años, llega a la hacienda Agustín, el primogénito de los López Negrete, para conocer lo que pronto serán sus dominios.

Ya han transcurrido unos meses desde el pleito con Benítez y todo está en el olvido. En otro lugar de la hacienda, en una parte de las enormes extensiones de tierra de labriego, los hermanos Arango esperan impacientes la llegada de su hermana Martina, quien todos los días les lleva de comer. Ella tiene trece años; es morena como la tierra, esbelta como una ninfa, hermosa como diosa; sus expresivos y coquetos ojos negros prometen mucho amor, pero no cumplen nada.

Todos los hombres que conocen a Martina Arango no pueden dejar de verla con amor, cariño, pasión y ardor en sus corazones; es una chiquilla envuelta en cuerpo de mujer. Cuando los compañeros de faena la ven llegar hasta donde están sus hermanos, se acercan a saludarla y, de paso, se quedan al almuerzo y a disfrutar de las viandas y de la hermosa vista que proporciona la figura de Martina.

Doroteo, el hermano mayor, advierte, con toda la seriedad de la que es capaz, a todos los compañeros y amigos convidados: "¡Mucho cuidado y ojo con querer tocar a Martinita si antes no han estado frente al cura!".

Ésta no es una advertencia que se pueda ignorar fácilmente; quien se atreva a acercarse a Martina, tendrá que hacerlo con las mejores intenciones sin pretender jugar con sus sentimientos. Así lo entiende el mejor amigo de Doroteo, Pablo Ramírez, eterno enamorado de Martina y correspondido por ella, aunque ninguno se haya atrevido a confesar aún su amor.

Un día, Pablo espera a Martina en un lugar del camino y queriendo sorprenderla, la toma por la espalda, la voltea y le da un beso; ella lo abofetea y echa a correr, pero recordando el momento tan emocionante que ha vivido con Pablo. El joven de dieciocho años no lo interpreta igual, y temiendo una represalia de Doroteo, huye de la hacienda para perderse en el tiempo y la distancia.

Al día siguiente, Martina se arregla lo mejor posible y parte hacia donde están sus hermanos con la ilusión de encontrarse nuevamente con Pablo y poderse disculpar por el golpe propinado un día antes, sin saber que no encontrará al labriego Pablo y sí al futuro dueño de la hacienda.

Violación que cambia la vida de Doroteo

Pasan algunas semanas sin que haya señales de Pablo, pero se hacen frecuentes los encuentros entre Martina Arango y Agustín López Negrete. Un día, antes de que anochezca, éste convence a Martina de que lo acompañe a una parte de la hacienda donde hay mucho trigo; ahí, en medio de la soledad del dorado campo, el hijo del dueño de estas inmensas tierras abusa de la hermosa Martina, quien no sabe cómo defenderse del bestial ataque. Una vez consumada la infamia, ella logra escapar de los brazos de Agustín, quien se muestra orgulloso por haber violado a tan hermosa virgen.

Al llegar a su casa, Martina cuenta a su madre lo ocurrido. La noticia llega de inmediato a Doroteo, que sin dar tiempo a nada, sale en busca del cobarde que mancilló a su hermana; al encontrarlo lo insulta por su bajeza, y el hijo del hacendado, queriendo hacerse el valiente, lo increpa y pelean; Doroteo, que es más fuerte y diestro con los puños,

15

lo vence; finalmente le dispara cinco tiros a quemarropa, de los que acierta tres.

Doroteo regresa lentamente a su casa, al lado de su madre y hermana, y decide que será mejor vivir prófugo y al margen de las leyes creadas para proteger a los dueños de las haciendas y perjudicar a los peones, quienes no tienen nada y ni siquiera son dueños de sus propias vidas.

Doroteo Arango Arámbula elige la vida errante, llena de peligro en la sierra. Después de besar a su madre y hermana, parte hacia una nueva aventura, hacia un nuevo destino que no solamente lo afectará a él y a su familia, sino a miles de individuos, a la sociedad que lo marginó, a los dueños de las haciendas, e incluso lo marcará como el hombre acusado de bandolero en su juventud y considerado el héroe de muchos chiquillos y hombres que verán a Doroteo como alguien que lucha porque las leyes sean iguales para todos, porque lo justo sea legal y lo legal sea justo.

Sin embargo, el hecho que marca a Doroteo para toda su vida no está totalmente comprobado. Algunos historiadores dicen que al que mata es a un alto funcionario del gobierno por violar a su hermana, y como no desea acabar en una cárcel o muerto en una venganza de familiares y amigos de su víctima, huye hacia la sierra.

Para la justicia de ese tiempo, matar es un delito casi común, pero ahora el asunto se torna grave porque un simple peón mató al primogénito de los López Negrete, dueños de una extensísima hacienda. Probablemente, el hecho de que el heredero haya violado a la hermana menor de Doroteo no tiene mayor importancia; el dinero, las influencias, el cobro de favores se utilizan para exigir e incluso amenazar a las autoridades para que atrapen a quien osó no sólo oponerse a uno de sus hijos consentidos sino también matarlo; esta "afrenta" no debe quedar impune.

Doroteo Arango huye; los representantes de la "justicia" lo buscan y tienen órdenes de atraparlo vivo o muerto; si es posible, hacer lo segundo. Ahora empieza una vida en la que va de un lado a otro entre los límites de los estados de Durango y Chihuahua. Allí adquiere ciertas capacidades y facultades de sobrevivencia que formarán su personalidad de guerrillero y jefe revolucionario; además, desarrolla gran musculatura (el trabajo en una mina así se lo exige), es un excelente caballerango desde muy niño (casi se puede asegurar que nació arriba de un equino) y posee la enorme cualidad de ser el mejor tirador de pistola y rifle.

Antes de estallar el movimiento revolucionario y de que Doroteo se convierta en asaltante, éste trabaja en una mina en Parral; más tarde llega a la ciudad de Chihuahua. Hasta esos lugares han llegado las órdenes de arresto contra este personaje, quien a escondidas intenta encontrar algún trabajo para evitar el arresto, por esta razón, decide cambiar de nombre: de Doroteo Arango Arámbula pasa a ser "Francisco *Pancho* Villa". La elección del nuevo apelativo se debe al hecho de que su padre fue hijo natural de Jesús Villa, persona acomodada y adinerada de la región, proveniente de España, concretamente de la región vasca, y lo de "Pancho" porque así se les dice cariñosamente a quienes se llaman Francisco, un nombre muy común en México.

Como parte de la leyenda sobre Doroteo Arango Arámbula se cuenta que entre los integrantes de su banda de asaltantes, todos ellos huidos a la sierra, perseguidos por la justicia de los poderosos, destacan Calixto Contreras, Manuel Vaca, Juan García, alguien de apellido Urbina, Ignacio Parra y un tal Francisco Villa, este último, un zacatecano enemistado con la injusta civilización, un individuo que sabe dominarse, enérgico, excesivamente valiente, incluso temerario y poseedor de una gran dosis de bondad.

Este Francisco Villa se convierte en maestro para Doroteo de quien aprende a deletrear, a vivir con más decoro en la sierra y, sobre todo, a esquivar y burlarse de las autoridades; cuando los buscan en un estado, ya están en otro a muchos kilómetros de distancia. A pesar de que Doroteo tiene ahora treinta y cinco años, por carecer del afecto paterno, ve en Francisco Villa al padre que perdió siendo demasiado joven.

El grupo Severo Reza es capitaneado por Francisco Villa, y Doroteo se convierte en el brazo derecho de este gran hombre. Estos "bandoleros", como los llaman los hacendados y autoridades, hacen justicia por su mano y, ¡ay de aquel que se atreva a cometer una injusticia contra los peones y empleados porque se aparece la banda, y las balas son la respuesta! Así, muchos dueños de tierras dulcifican su trato hacia los labriegos por temor a represalias de sangre.

Un día, una noticia entristece a los campesinos de Chihuahua y Durango: Francisco Villa fue herido de gravedad por los rurales y ha muerto en brazos de su "hijo" Doroteo Arango, quien sin poder contener las lágrimas llora como un niño, desconsoladamente. El entierro es en la misma sierra; solamente una sencilla cruz de madera marca el lugar de su sepultura.

Así, enfrente del pequeño cortejo fúnebre formado por todos los integrantes de la banda, Doroteo Arango Arámbula grita: "¡Las autoridades no pueden dar por muerto a Francisco Villa porque no ha muerto, él ha reencarnado, y ése soy yo! ¡Yo soy Francisco Villa, viva Francisco Villa!"

Cuenta la historia y parte de la leyenda que una vez Villa, en un intento por integrarse a la sociedad, consigue trabajo en una mina de Parral, Chihuahua; aunque no protesta, no le satisface trabajar mucho por escaso dinero; está en contra de la brutal explotación del hombre por el hombre, de cómo los mineros dejan sus pocas monedas en cantinas y prostíbulos sin importarles no llevar nada a sus casas, de cómo por querer llenar un hueco de miseria destapan otros propiciados por las falsas caricias y el alcohol; por esta razón, Villa no fuma ni bebe durante toda su vida.

En cierta ocasión Villa es cercado por varios caballerangos que pretenden llevarlo preso a la ciudad de Chihuahua para que el antiguo patrón se haga "justicia" por sí mismo. Éste intenta escapar corriendo, pero sus persegui-

Después de ver morir a su padre adoptivo, Doroteo Arango Arámbula cambia su nombre por el de Francisco "Pancho" Villa.

dores se ríen de él, pues lo consideran una presa fácil; lo persiguen en sus cabalgaduras, y, en un momento, uno de ellos alcanza al corredor. De inmediato, Villa brinca a las ancas del caballo, justo atrás del jinete, lo abraza a la altura del tórax, lo asfixia y lo lanza del animal; éste cae sin vida en el suelo. Los demás, estupefactos, en vez de seguirlo, contemplan la escena como si se tratara de algo ajeno; mientras tanto, Villa cabalga veloz, libre, sin que nadie intente detenerlo ya.

Así, Pancho Villa llega a la ciudad de Chihuahua; ahí aprende el oficio de albañil; por ser un excelente empleado de la construcción, el maestro de obras, Santos Vega, lo protege y considera; aunque el trabajo es duro, le gusta, y el salario, comparado con lo que ganan labriegos y mineros, es bastante bueno.

Luego de conocer a la hija del dueño de una carnicería, le propone matrimonio, a lo cual acceden ella y el padre. Villa está feliz y decidido a dejar la vida de perseguido, a ganar cada centavo que posee y a formar una familia, pero la misma ley lo vuelve a orillar a escapar hacia la sierra, ya que hasta esta ciudad de Chihuahua llega la orden de aprehenderlo. Una vez más regresa a su antigua vida de robar a ricos para compartir con los pobres. Si la sociedad no lo acepta, él no tiene por qué acatar sus normas y leyes; ya la vida no importa, cree que la perderá en cualquier momento; nadie, aparte de su madre y hermanos, sabrá quién fue Doroteo Arango Arámbula o mejor dicho, Francisco *Pancho* Villa.

Pero éste tampoco es su destino; la historia le tiene reservado un lugar especial, uno en el que utilizará todo lo aprendido como hombre, asaltante, estratega, revolucionario y ser humano. Ya no confía en la humanidad, quiere estar solo, pero son tantos los que lo persiguen que es imposible no contar con compañía, por eso, integra otro grupo formado por José Beltrán, Sabás Martínez y Rosendo Gallardo; los cuatro viven de matar animales que cazan en montañas, cerros y llanuras.

En las extensas serranías de Durango y Chihuahua, Villa pasa más de ¡veinte años!; sus correrías y asaltos son tantos, en especial los que hace a los trenes, que incluso los que él no comete le son atribuidos. Ahora es buscado por las autoridades de varios estados del norte del país que ofrecen gran recompensa por su captura, pero lo que más les perjudica es que se dedique principalmente a robar el ganado de los grandes hacendados, y éste sí es un "pecado imperdonable", más que asesinar.

Durante dos décadas, Villa es el azote de los terratenientes y hacendados; sus correrías le permiten conocer a la perfección el norte del país. No todas sus "ganancias" son para él y sus huestes, buena parte de ellas las reparte entre la gente pobre que encuentra a su paso. Cuando se entera que los peones de la hacienda Los Álamos, con quienes se identifica plenamente, viven en la miseria y son explotados hasta la muerte, Villa se enfurece, reúne a su tropa y asalta y saquea esa propiedad para repartir íntegramente el botín entre los peones.

Durante largas épocas de miseria y escasez de alimentos, Pancho Villa proporciona víveres suficientes a regiones enteras; su tropa aumenta a cada ejecución que hace el ejército porfirista para despojar a los campesinos de sus escasos recursos económicos y de vivienda. Con esas acciones, el general consigue que la gente pobre lo quiera, lo proteja cuando lo acosen las autoridades y lo llame el *amigo de los pobres*; aquel que roba a los ricos para darlo a los desventurados, el *Robin Hood* a la mexicana.

Así como puede ser un frío asaltante, también es un cálido y leal amigo, pero que no perdona la traición; para él, un traidor es un cobarde que se esconde para atacar sin hacerlo nunca de frente, cara a cara. Cuando un allegado de su tropa, de apellido Reza, al ser atrapado por los guardias rurales se deja sobornar por éstos y traiciona al general dando informes para su localización y posible aprehensión; éste, al enterarse, amenaza a Reza diciéndole que va a ir por él a Chihuahua y allí mismo lo matará.

Y efectivamente, un domingo, llega a caballo a esta ciudad a plena luz del día; Villa se ve tranquilo, sereno, pasea con algunos de sus compinches, incluso camina lentamen-

Debido a que reparte entre los pobres gran parte de lo que roba, Pancho Villa es siempre bien recibido en los pueblos a los que llega.

te y saborea algunos helados para apaciguar el agobiante calor. En el paseo Bolívar, Villa y Reza, que pasea de la mano de su novia, quedan frente a frente; de inmediato, el general toma su pistola y, ante el asombro y terror de la novia de Reza, dispara contra el cuerpo del traidor, quien antes de caer ya está sin vida. Villa sube a su caballo, mira el cuerpo del traidor y sale de la ciudad tan tranquilamente como entró, sin que nadie se atreva a contrariarlo.

Una reelección más de Porfirio Díaz

Durante el régimen de Porfirio Díaz nunca existieron verdaderos partidos de oposición; los que hay únicamente hacen el juego democrático al presidente para cubrir las apariencias hacia adentro y fuera del país, pero el descontento es tal, que la sociedad se vale de periódicos y volantes que denuncian al régimen; a pesar del grave peligro que su existencia representa, valientes inconformes los distribuyen.

A la inconformidad en las ciudades y en el Distrito Federal se agregan las revueltas rurales que empiezan desde finales de siglo XIX contra la expropiación de tierras comunales; en el bienio 1906-1907 ocurren las primeras agitaciones y protestas obreras de relevancia. El grupo de anarcosindicalistas, reunido alrededor del Partido Liberal Mexicano, fundado por Ricardo Flores Magón, quiere impulsar el inicio de una revolución social.

Con estas actividades y manifestaciones de los obreros contra las condiciones infrahumanas en que son explotados por los patrones, se crean las primeras asociaciones sindicales con los trabajadores de las minas de Cananea, en Sonora, y en las fábricas textiles en Orizaba, Veracruz; entre otras acciones de protesta, organizan paros y huelgas, mismas que a petición de los empresarios, son brutalmente reprimidas.

Ante los fracasos de este incipiente movimiento obrero, muchos trabajadores abandonan las minas y las fábricas en busca de otras ocupaciones como las relacionadas con la agricultura. Algunos dirigentes del Partido Liberal Mexicano se unen a varios grupos revolucionarios, como el del maestro Antonio Villarreal y el del abogado Antonio Díaz Soto y Gama, activo colaborador político de Emiliano Zapata en el sur del país.

En ocasión de las elecciones presidenciales de 1910, la oposición a Porfirio Díaz se concentra en la figura de Francisco I. Madero, el candidato del Partido Constitucionalista Liberal, mejor conocido como antirreeleccionista; este partido sostiene el mismo principio para todos los cargos políticos y administrativos. Tanto Benito Juárez como el mismo Díaz enarbolaron la bandera antirreleccionista, pero al final optaron abandonarla por razones muy diferentes.

Francisco I. Madero nace en 1873 y es originario del estado de Coahuila; pertenece a una familia muy rica e influyente originaria de Nuevo León. Como cualquier joven adinerado, obtiene una formación académica de excelencia: realiza estudios en México, Estados Unidos y Francia. Cuando se entera de los deseos del presidente Díaz de lograr una verdadera democratización del país, Madero concibe la idea de escribir *La sucesión presidencial,* obra en la que plasma sus deseos de que la sociedad mexicana viva en un país pleno de orden y respeto para todos los ciudadanos, sin distinción de clases.

En l909, Madero inicia su campaña política en los estados del norte y del altiplano central e insiste a la gente que lo escucha que debe reconocerse el inseparable nexo entre gobierno constitucional y progreso económico; sus discursos son tan comprensibles que gana adeptos en grandes cantidades.

Por otra parte, el descontento está generalizado en todo el país; durante treinta años de presidencia (desde 1876), Porfirio Díaz impone una dictadura basada en el uso de la fuerza, ya sea a través de la policía y, en otros casos, de los militares, para proteger a los pocos privilegiados que acaparan la riqueza nacional, sobre todo en los rubros industrial y comercial.

Desde luego, quienes saben bien que México es una tierra llena de riqueza, son los vecinos del norte; su capital de inversión rebasa los ¡mil millones de dólares!, una cantidad enorme para esa época; con ella acaparan la mayor parte de los recursos petrolíferos y mineros y controlan el noventa por ciento del comercio exterior del país; a esto se agrega que los ingleses participan con una inversión de 350 millones de dólares. Estados Unidos e Inglaterra casi monopolizan la extracción del petróleo, el carbón, la plata, el cobre y el oro que pródigamente dan el suelo y el subsuelo del país.

Los inversionistas anglo-estadounidenses son dueños de enormes extensiones de tierra; 269 propietarios extranjeros tienen ¡32 millones de hectáreas de tierra!, es decir, el ¡16.2% de todo el territorio nacional!; una sola compañía estadounidense, asentada en Sinaloa, es dueña en esa entidad de ¡500 mil hectáreas! Tremenda injusticia no puede durar por más tiempo.

24

Las empresas extranjeras apoyan económicamente la construcción de la red de líneas de ferrocarril, pero no lo hacen por altruismo, sino porque gracias al transporte ferroviario se abarata el traslado de los productos mexicanos hacia el exterior.

El monopolio anglo-estadounidense y la condición rural y de extrema pobreza del noventa por ciento de los habitantes de nuestro país llevan a que en abril de 1910 un congreso que reúne a los círculos de oposición en el Distrito Federal proponga la candidatura de Francisco Indalecio Madero a la presidencia para que luche por la aceptación de medidas económicas y sociales que den apoyo al crédito agrario y a la legislación del trabajo.

El nuevo movimiento reivindica el respeto a la autonomía en la vida política local y el libre sufragio, por lo que el lema de campaña más importante es el de "Sufragio efectivo, no reelección", sin pasar por alto la necesidad de una verdadera reforma a la vida administrativa.

Pero el general Porfirio Díaz, queriendo seguir en el poder a toda costa, impone fuertes medidas represivas en contra de la campaña electoral de Madero, llegando a cometer actos absurdos e incluso ridículos para impedir que la oposición crezca y se convierta en algo más que un dolor de cabeza.

La noche del jueves 16 de junio de 1910, a pocos días de las elecciones, el coahuilense Madero es arrestado en la ciudad de Monterrey, acusado de agitar a la opinión pública contra el presidente y enviado a San Luis Potosí. Al mismo tiempo, los diversos seguidores del opositor del eterno Díaz también son arrestados y exiliados; por supuesto, la prensa de oposición es obligada a callar ante la amenaza de arresto, juicio sumario y muerte para quien quiera informar verazmente a la opinión pública.

En las elecciones del domingo 26 de junio de 1910 no hay ninguna sorpresa: Porfirio Díaz sale victorioso, pero los opositores no aceptan este supuesto triunfo legal y reúnen una amplia documentación para demostrar los manejos amañados llevados a cabo por el gobierno en muchos estados de la república y piden que el Congreso anule las elecciones.

Plan de San Luis

Mientras tanto, Francisco I. Madero escapa de su prisión y llega hasta San Antonio, Texas, para reunirse con algunos exiliados decididos a apoyar la esperanza de democratización de la vida política y el restablecimiento de una mayor legalidad y justicia. El sábado 15 de octubre de 1910 se lanza el Plan de San Luis que incita a la rebelión armada en contra del aún presidente Díaz; la fecha del domingo 20 de noviembre de ese mismo año queda fijada para llevar a cabo una revuelta popular que logre la realización de nuevas elecciones presidenciales.

Los motivos que obligan a Madero a organizar la revuelta contra el presidente Díaz están expuestos en el Plan de San Luis. En este documento, el jefe de la oposición subraya el predominio de la fuerza sobre el derecho en el viejo y aún vigente régimen: "Los poderes legislativo y judicial están completamente sometidos al ejecutivo; la división de los poderes, la soberanía de los estados, la libertad de los derechos comunes de todo ciudadano se afirman solamente en nuestra Constitución; pero de hecho, en México reina solamente la ley marcial; la justicia, en vez de proteger a los débiles, sirve nada más para legalizar las expropiaciones que impone el más fuerte; los jueces, en vez de ser los representantes de la justicia, son agentes del ejecutivo, a cuyos intereses sirven fielmente; las cámaras no expresan otro deseo que el del dictador; es él quien nombra a los gobernadores de los estados, los cuales, a su vez, designan e imponen con los mismos métodos a las autoridades municipales.

"Todo el engranaje administrativo, judicial y legislativo obedece a una sola voluntad, al capricho del general Porfirio Díaz, el cual, en su prolongada administración, ha demostrado que el principio básico que lo guía es el de mantenerse a toda costa en el poder."

El movimiento rebelde, después de algunos malogrados intentos en ciudades del centro del país, se concentra en Chihuahua, donde aún perduran los efectos del estancamiento de la industria minera, causados por la crisis financiera internacional de 1907; allí se hace sentir la fuerza de cerca de 5 mil combatientes.

Abraham González, hombre culto representante de una clase media rural debilitada por el dominio de los Terrazas, es el principal organizador político local; en tanto que Pascual Orozco es el jefe popular con mayor capacidad de convocatoria y miembro de una familia de pequeños agricultores de Guerrero que se dedica al pequeño comercio.

Al final del tiempo de Porfirio Díaz

Porfirio Díaz permanece en el poder de 1877 a 1911. Con base en las leyes de colonización, ofrece toda clase de facilidades a los inversionistas extranjeros y concede enormes extensiones de tierra no cultivada a los terratenientes y a las compañías forasteras. El presidente Díaz, de ideas "progresistas", apoya decididamente a los grupos regionales dominantes, y así, las élites locales refuerzan su porción de poder en lo económico y político.

Hacia finales del siglo XIX, México es un país de enormes contrastes: por una parte, logra un considerable crecimiento económico, pero, por otra, existen en él enormes desigualdades sociales; se repite el viejo modelo que concentra la riqueza en unas cuantas manos y extiende la pobreza a la mayoría de la población. Las protestas de las clases medias urbanas y los campesinos son tantas y tan constantes, que con el propósito de romper con las antiguas formas de dominio, abren el camino hacia una revolución que estallará muy pronto y se prolongará durante once años.

En 1910, México tiene un territorio de dos millones de kilómetros cuadrados y cuenta con 15 millones de habitantes. La población es sobre todo rural y cerca de la mitad se concentra en el altiplano central. Esta región, considerada como el corazón del México prehispánico, constituye el área privilegiada de los asentamientos humanos, dadas las buenas condiciones geográficas y climáticas. La fuerza del trabajo agrícola en las haciendas suma alrededor de ¡3'500,000 personas!, poco más de 100,000 son mineros y cerca de 500,000 hombres trabajan en varios sectores de la industria de la transformación y del transporte. Sólo cuatro ciudades superan los 50,000 habitantes, mientras que la capital del país, la ciudad de México, tiene cerca de medio millón.

En los últimos decenios del siglo XIX, México, a la par que otros países, registra un importante progreso material debido a estrechos lazos de unión económica que se establecen con las potencias industrializadas e imperialistas modernas. En varias regiones del país surgen nuevos cultivos comerciales como café, algodón, henequén y otros, y se expande en el norte la cría de ganado. El latifundio se refuerza gracias a las leyes que permiten la venta, a un bajo costo, de superficies no cultivadas y de antiguas tierras comunales. Los grandes propietarios de tierra crean de esta manera nuevas haciendas, y de ellas obtienen abundantes beneficios económicos, pero de este modo impiden el nacimiento de pequeños o medianos agricultores.

En las zonas indígenas, los campesinos pierden gran parte de sus tierras comunitarias, y para sobrevivir están obligados a depender del trabajo en las haciendas, donde casi siempre se les paga "en especie", es decir, con una determinada cantidad de maíz o cereales, después de hacerles descuentos reales y ficticios, por lo que el pago restante nunca es suficiente para la subsistencia de las familias.

A partir de 1880 se comienzan a descubrir ricos yacimientos de minerales en el norte de México; la obtención de estas materias primas básicas para los países industriales lleva al desarrollo de la industria de la extracción. Al mismo tiempo se construye la red ferroviaria, que a finales de los años ochenta cubre cerca de 20,000 kilómetros. Los ferrocarriles contribuyen en gran medida a facilitar las comunicaciones en un país tan extenso y favorecen la integración económica entre las distintas regiones. Surgen modernas fábricas textiles y se desarrollan actividades mercantiles.

Industrias, minas y los nuevos ferrocarriles

Los capitalistas extranjeros, sobre todo estadounidenses e ingleses, invierten en minas y ferrocarriles, y durante el primer decenio de este siglo, en la energía eléctrica y especialmente en la extracción del petróleo, del cual México es muy rico. En el sector económico y el de finanzas operan también hombres de negocios alemanes y en menor escala franceses.

Al final del siglo estas transformaciones resultan particularmente intensas en el norte del país: las minas, las fundidoras de metales, los ferrocarriles, la agricultura moderna, la cría de ganado, el comercio y la banca se desarrollan aquí de una manera más rápida que en otros lugares. La potente economía industrializada de Estados Unidos, y sobre todo su vecindad geográfica, benefician a esta expansión económica y a los intereses de los capitalistas estadounidenses que muy pronto prevalecerán sobre los europeos en el territorio mexicano, predominio que se vuelve todavía más acentuado después de la Primera Guerra Mundial (1914-1918).

El malestar en los campos y los contrastes sociales generados por un crecimiento económico rápido y desigual tiene un peso decisivo en la revolución de 1910; los elementos que desencadenan este proceso van en relación con la crisis política nacional, cuyas raíces se encuentran en lo más profundo de la historia mexicana.

Madero presidente

Frente a la propagación de las rebeliones y atendiendo a la gravedad de la crisis política, el miércoles 10 de mayo de 1911 las fuerzas armadas que apoyan a Madero se apoderan de Ciudad Juárez, y con ello éste termina su exilio en Texas. Con esta fuerza ya desatada, el domingo 21 de mayo, en la misma ciudad, Madero y los representantes del régimen estipulan un acuerdo que prevé las dimisiones de Porfirio Díaz y del vicepresidente, la designación de Francisco León de la Barra, abogado y diplomático, como presidente interino cuya urgente tarea consiste en convocar a nuevas elecciones, otorgar la amnistía para los crímenes de sedición y desactivar las fuerzas revolucionarias.

El miércoles 24 de mayo, una vez conocidos estos acuerdos, se lleva a cabo una enorme manifestación de obreros, estudiantes, campesinos y algunos sectores de la naciente burguesía para exigir la renuncia del presidente Díaz. Así, dos días después, el viernes 26 de mayo, sin poder comba-

En cuanto Villa conoce a Francisco I Madero se une a su causa de inmediato.

tir a tantos inconformes con su dictadura, Porfirio Díaz huye de México rumbo a Francia para no volver.

Al ser informado de la huida de Díaz, Francisco I. Madero, enemigo declarado de derramar sangre, pospone la aplicación del Plan de San Luis y comete el error de reconocer la validez del gobierno anterior, mismo que con tanto ahínco combatió y, peor aún, deja en el archivo de pendientes las reformas sociales, económicas y políticas que ha prometido llevar a cabo.

Para agravar aún más la situación, Madero comete otro grave error al dejar en manos de porfiristas la parte administrativa, el poder legislativo federal y estatal, el poder judicial y el manejo del ejército y permite que la llamada "crema de los conservadores" continúe manejando grandes negocios y empresas. Las tenazas de quienes fueron incondicionales del régimen anterior se lanzan para asfixiar a Madero.

De asaltante a revolucionario

Aunque las injusticias sufridas en la infancia y parte de su adolescencia lo han convertido en un prófugo de la ley, Pancho Villa sigue deseoso de transformarse en líder de una causa que redima a la clase a la que pertenecen los pobres y olvidados de la sociedad, y si existe alguien más que luche por un país más justo, ésa será una persona a seguir. Así, Villa sigue de cerca la figura y las ideas de Francisco I. Madero; sin embargo, se resiste a respetar no a las leyes, sino a quienes las representan, a las autoridades que se manejan por intereses personales y no por un sentido de justicia e igualdad.

De revolucionario a general de división

A los 32 años, Pancho Villa entra en acción durante la revuelta del 20 de noviembre de 1910 promovida por Francis-

Del Villa asaltante al General de División. Un cambio radical no sólo para él sino para el rumbo de la Revolución Mexicana.

co I. Madero contra el presidente Porfirio Díaz, en la que dos días antes mueren en la ciudad de Puebla los hermanos Serdán, al ser descubierta la conspiración. Aunque está activo en Chihuahua, Villa permanece en las sombras, pero en contacto permanente con los maderistas de la ciudad de Chihuahua y con el mismo Abraham González, quien lo introduce e informa del movimiento maderista y lo convence de la legitimidad de los propósitos. Entre tanto va creándose un núcleo de hombres armados, aguerridos, valientes, rápidos, capaces de cabalgar grandes distancias en poco tiempo y dispuestos a seguir a su jefe Villa a la mejor de todas sus aventuras: la lucha por llevar al triunfo a Madero y a la democracia, aunque aún no tenga rostro definido.

Después de haber tomado por asalto el pueblo de San Andrés, al occidente de la capital de Chihuahua, Villa inicia una serie de combates para cortar los refuerzos a las tropas federales y procurarse armas. Más tarde se retira hacia el sur, a Satevó, para organizar otros grupos.

Pancho Villa es presentado finalmente a Francisco I. Madero por Abraham González, y de inmediato se pone bajo sus órdenes. Villa aprovecha esta añorada ocasión para reivindicar, más que su nombre, su vida, sus aspiraciones de justicia social, principalmente para los más desprotegidos: peones y obreros. De inmediato asciende al grado de capitán del ejército y marcha con Madero rumbo a la capital del país.

Uno de los aspectos que caracterizan al proceso revolucionario en su conjunto es que los participantes pertenecen a diferentes clases sociales y en su mayoría son hombres nacidos en el norte de la república mexicana.

Una vez en el Distrito Federal, el miércoles 7 de junio de 1911, Madero asume la presidencia y dispone que las fuerzas que comanda el capitán Villa se pongan bajo las órdenes del general Victoriano Huerta, jefe máximo de la División del Norte. Villa es nuevamente ascendido al grado de general honorario de los rurales y avisado de acompañar a Huerta para combatir la insubordinación de Pascual Orozco, jefe contrarrevolucionario.

El general honorario y sus rurales son los encargados de hacer el trabajo sucio para vencer la insurrección orozquista: deben explorar y ser vanguardia para llegar a terreno enemigo con un mínimo de seguridad; esta labor Villa la conoce muy bien, apenas algunos meses antes las llevaba a cabo para atacar haciendas y pequeños pueblos y saquearlos impunemente.

Sin embargo, Villa no está dispuesto a seguir las leyes militares; saquea cada poblado al que llega igual que si fuera un asaltante de quinta y no un general del ejército maderista. En cierta ocasión, Villa encabeza una insubordinación en Ciudad Juárez, que, afortunadamente para él y para Madero, no pasa a mayores; después de haber visto en ella su vida en peligro, Villa se arrepiente y pide perdón de rodillas a Madero e incluso le pide que lo fusile, tal vez consciente de que no lo pasaría por las armas.

Robar sigue siendo para Pancho Villa un hábito. Siendo amante de los caballos, no resiste la tentación de robarse una famosa yegua sin importarle las graves consecuencias. Si estas consecuencias se hubiesen dado, el destino mismo de la revolución hubiera ido por otros cauces.

Ocurre que este hurto causa tanta conmoción al dueño del equino que llega hasta oídos de Victoriano Huerta, quien de inmediato exige la devolución de la yegua a su legítimo dueño, amigo suyo, por supuesto. El rebelde Villa no acepta esta condición y contesta grosera y altivamente, lo que provoca una ruptura en el ejército: un bando lo apoya y otro obedece a Huerta.

Por esta razón, el martes 4 de junio de 1912 Victoriano Huerta, militar de la vieja guardia, ordena que Pancho Villa sea fusilado de inmediato; lo colocan en el paredón, los fusileros están a la espera de la orden para hacer fuego sobre el cuerpo del exprófugo, cuando varios generales hablan con Huerta para destacar los valiosos servicios que

Los generales Huerta, Madero y Villa antes que el primero intente fusilar a Pancho.

Villa ha prestado a la causa de Madero. Huerta duda; una última señal y Villa pasará a ser sólo una estadística, pero no es momento para rupturas. Contrario a los deseos de Huerta, Villa es perdonado, despojado de su cargo y llevado preso a la cárcel militar de Santiago Tlatelolco, en la ciudad de México. Así, se convierte en un reo que goza de muchos privilegios.

En su celda, Pancho Villa reflexiona sobre su suerte y en la perfidia de la humanidad: "En otros tiempos, luchando yo contra los representantes de la llamada justicia, fui perseguido por haber dado muerte a muchos hombres para salvar mi vida y defender mi honor. Entonces peleaba yo contra todos, puesto que ni para ganarme el sustento de cada día me dejaban en paz. Pero es lo cierto que aquellos enemigos míos de entonces nunca lograron tenerme encarcelado, como lo logran éstos de ahora, aun cuando la justicia ha venido a manos de mis amigos, gracias a la lucha revolucionaria de los que combatimos la tiranía, peleando por la causa del pueblo, que es el bien de los pobres.

"Es triste pensar que ahora me tengan preso en esta celda mis amigos, que son los mismos hombres que como yo han luchado por la libertad de México en los campos de batalla. El general Huerta nunca me ha gustado. Tiene algo extraño en su mirada. No sé por qué, pero entiendo que el señor Madero hace mal en confiar a ese hombre el mando de ejércitos. Que Huerta tenga en sus manos tanto poder, habrá de ser cosa mala para la Revolución.

"¡A mí casi me fusila! Es un cobarde. No tiene arranque para matar a un hombre cara a cara. Y ahora, ¡hay que ver las cosas que ha inventado con intento de hundirme y ponerme mal a los ojos del señor Presidente! ¡Algo muy grave habrá dicho para que el señor Madero me trate con tanta desconsideración! Pero no se saldrá con la suya, porque sus argucias conmigo no valen. Entiendo que mis luchas por la Revolución de algo habrán de servir para que yo salga de aquí reivindicado a los ojos del señor Madero."

Lamentablemente para Villa, de las dos cartas que escribe a Madero no recibe respuesta alguna; aunque está muy molesto, no deja de pensar en que la debilidad del presidente puede ser utilizada por militares de alta investidura como ya lo ha vislumbrado con Victoriano Huerta.

En su prisión, conoce a un joven llamado Carlos Jáuregui quien le ayuda a redactar y corregir sus escritos. Un día, recibe la visita de un misterioso personaje perfectamente bien vestido, de guantes, bastón y bombín. Esta persona solamente se identifica como un amigo de Félix Díaz, el insubordinado sobrino de Porfirio y enemigo acérrimo de la revolución, curiosamente también preso en la misma penitenciaría por sublevarse contra Madero en Veracruz.

El catrín visitante, sin mediar palabras inútiles de por medio, propone a Villa su libertad a cambio de oponerse al movimiento revolucionario y, por supuesto, a Francisco Madero, asegurando que muy pronto el presidente elegido popular y constitucionalmente "será pasado por las armas". El extraño quiere distraer al general diciendo que es una injusticia que esté preso después de sus muchos méritos en favor del movimiento campesino.

Al no convencerlo, el sobrino de don Porfirio agrega: "Si usted viene con nosotros, no solamente conseguirá su libertad de inmediato, sino que sus méritos le serán reconocidos al ser ascendido a general de división del ejército triunfante, teniendo plena libertad de hacer lo necesario para restablecer la paz y el orden en todo el territorio nacional."

Pero Pancho Villa no está para traiciones, éstas no figuran en su código de conducta personal; durante muchos años la sociedad lo apartó de lo que más quería, y ahora que está seguro que la revolución servirá para lograr la igualdad entre pobres y ricos, no se permitirá ser tentado por "los demonios reaccionarios que andan sueltos".

En un arrebato, sujeta al elegante hombre por el cuello de su fino saco y lo estrella contra la reja de su celda; el catrín, con mucho miedo en su rostro, grita desesperadamente al guardia para que lo deje salir de pie y no con los lustrosos zapatos por delante.

En una de las dos cartas que envía a Madero, Villa advierte al presidente que se cuide de sus enemigos y de muchos de sus "amigos", confirmándole una vez más que lo apoya en su gestión administrativa y que está a sus órdenes para lo que él decida.

Ahora Villa sabe que es urgente salir de la cárcel, ya sea por orden del presidente o porque logre escapar de ella, ya que si alguna vez salió librado de un intento de fusilamiento, ahora no podrá hacerlo estando en cautiverio. Para escapar, solicita la ayuda del joven escribiente y empieza por darle ¡doscientos pesos! por sus servicios, a lo que Carlos Jáuregui replica:

—¡General, esto es mucho dinero!

—Mira, Carlitos, sé que eres un muchacho de fiar y te voy a encargar un negocito muy delicado. Mañana por la mañana ven a verme —le responde Villa con su peculiar acento norteño.

—No tenga cuidado, general, aquí estaré sin falta —contesta el joven.

Al día siguiente, Jáuregui se presenta ante Villa, y éste le pregunta:

—¿Eres valiente, muchachito?

—¡Por supuesto, general, no le temo a nada ni a nadie!

—Entonces, toma este paquete. Contiene unas seguetas, un portasierra, una botella pequeña de aceite y una bola de cera negra.

—¿Para qué es todo esto, mi general?

—¡A que mi amiguito, póngase vivo! La sierras son para quitar los barrotes de mi celda, pero debes untarlas con el aceite para que no hagan ruido y nos descubran; con la cera negra tapas las rendijas que hayas serruchado. Así, nos escapamos los dos y nos vamos al norte, en donde nunca nos volverán a agarrar.

Todo sale conforme a lo planeado y sin ningún problema; los dos reos salen de la prisión de Santiago Tlatelolco el jueves 7 de noviembre de 1912, alquilan un automóvil que no es del agrado de Villa, pues siente que es una jaula peor que la prisión, ya que está hecho a propósito para matar a sus ocupantes sin ningún riesgo de represalia contra el agresor. ¿Sentimiento premonitorio? Tal vez, pero por lo pronto, Villa y Jáuregui llegan a Toluca, abordan un tren a Manzanillo y de allí embarcan rumbo a Estados Unidos, a donde llegan el lunes 25 de noviembre del mismo año.

Finalmente, Francisco I. Madero reconoce la valía de Villa y considera que al tenerlo en prisión, éste recapacitará, no quitará autoridad a Huerta y después de un tiempo prudente para que se enfríe el asunto, lo dejará libre para que se reincorpore a la milicia. Pero la realidad es que Villa encontró todas las facilidades para fugarse de la cárcel e ir a refugiarse primero en el extranjero y después en sus viejos terrenos de Chihuahua; ahora sólo espera la primera oportunidad para regresar a la lucha armada, que no tardará mucho en llegar.

Otra versión sobre el intento de fusilamiento de Villa

Existe otra versión sobre este importante acontecimiento en la vida de Pancho Villa. Algunos historiadores dicen que estando Victoriano Huerta en la ciudad de Jiménez, Chihuahua, acusa a Villa del gravísimo cargo de insubordinación, ya que el general alega que le envió una orden a Parral y que no fue obedecida; Villa se defiende diciendo que nunca la recibió.

Victoriano Huerta forma una corte marcial, y en el juicio que dura ¡quince minutos! Villa es declarado culpable y sentenciado a morir por fusilamiento. Alfonso Madero, miembro distinguido del estado mayor de Huerta, detiene la ejecución, pero el presidente Madero, obligado a apoyar las órdenes de su general en jefe, encarcela a Villa en la penitenciaría de la capital del país, y éste lo acepta para manifestar al presidente Madero lealtad a toda prueba.

Lo mejor de este episodio es que estando en prisión Villa aprende a leer y escribir en nueve meses. Poco tiempo después, el gobierno de Madero aparenta no ver y permite la fuga de Villa para evitar complicaciones a Huerta, ya que muchos amigos de Villa exigen una investigación a fondo de lo sucedido en Ciudad Jiménez de la que, probablemente, se hubiera creado un grave conflicto al presidente por la rigidez de Huerta y la indisciplina de Villa.

El domingo 9 de julio de 1911, Madero anuncia la desaparición del Partido Antirreeleccionista para fundar otro llamado Partido Constitucional Progresista, pero esto, lejos de unificar desune; aparecen muchos partidos políticos y otros renuevan sus actividades, a esto hay que sumar el hecho de que Madero ha realizado tratos con miembros de la alta sociedad y la jerarquía católica para preservarles sus derechos, y aunque asegura que los campesinos tendrán su porción de tierra, esto queda en el olvido.

En el estado de Morelos existe ya el más importante centro del movimiento campesino, encabezado por un gran dirigente de masas y además campesino de nombre Emiliano Zapata, quien no se ha puesto bajo las órdenes de Madero. Zapata y sus hombres no se detienen para enfrentar al ejército gubernamental, siguen al pie de la letra sus lemas "¡Tierra y libertad!" y "¡La tierra es de quien la trabaja!"

Este movimiento llega hasta el ejército campesino del norte comandado por Pancho Villa. Aunque ambos carecen de un programa y una definición clara de lo que esperan de la presidencia de Francisco Madero, están seguros de que quieren justicia e igualdad, y por esto sus lemas están escritos en todos los estandartes y banderas que llevan consigo. El movimiento popular campesino, también apoyado por los obreros, crece, crece y crece...

3

Decena trágica

El lunes 6 de noviembre de 1911 Francisco I. Madero asume constitucionalmente la presidencia junto con José María Pino Suárez, en la vicepresidencia. Madero mantiene su postura conciliadora; incluye en su gabinete a muchos integrantes del gobierno anterior encabezados por Manuel Vázquez Tagle, por la parte revolucionaria invita a Abraham González y a Miguel Díaz Lombardo. Esta fusión nunca da buenos resultados y no se logra una política de unificación, incluso, debido a la rebelión en Chihuahua, González reasume la gubernatura de ese estado.

Si Madero no es capaz de unificar a los miembros de su gabinete, mucho menos lo será a la hora de unificar a los miembros de los otros poderes. En el legislativo, las cámaras de diputados y senadores están divididas; cada quien jala para su redil. Los nacientes sindicatos cobran fuerza para oponerse a los patrones y, en general, los estados del país presencian sus propios movimientos de inconformidad contra al gobierno maderista.

Un cambio que le acortará la vida es la sustitución de José González Salas por Victoriano Huerta en el Ministerio de Guerra. De inmediato, Huerta establece su cuartel general en Torreón y prepara a su ejército, incluido Pancho Villa, para disolver inconformidades, como las llevadas a cabo por Bernardo Reyes y el sobrino de don Porfirio, Félix Díaz.

Finalmente, Reyes y Díaz son apresados, uno en Estados Unidos y el otro en México. Félix es condenado a muerte por un consejo de guerra, pero Madero le perdona la vida y lo mete en prisión. Craso error. Ahora todos los sectores están contra el presidente: los revolucionarios dicen que es muy blando; los periódicos aplauden al ejército y critican a Madero; algunos partidos como el Católico se agitan, e incluso el embajador Henry Lane Wilson acentúa su hostilidad hacia Madero.

Mientras tanto, Victoriano Huerta ya ha pactado con los contrarrevolucionarios, encabezados por el embajador estadounidense y con todo aquel que se oponga al presidente. De entre la oposición sobresale el ministro de Relaciones, Pedro Lascuráin, quien obtiene las renuncias de Madero y de Pino Suárez, luego de decirles que la rebelión será contenida con sus dimisiones. Lascuráin mismo asume el poder con varios objetivos muy claros: nombrar a Victoriano Huerta ministro de Gobernación para que así pueda éste llegar a la presidencia; exhibir en la Cámara de Diputados las renuncias, e impedir que Madero y Pino Suárez abandonen el país y consigan ayuda una vez descubierta la treta.

Ambos son arrestados y permanecen en palacio nacional, aún con la ingenua idea de que serán trasladados al puerto de Veracruz para ser embarcados y exiliados rumbo a Cuba, pero los planes son otros. El mismo líder del batallón 29 de Toluca, Aurelio Blanquet, quien los aprendió, gira instrucciones directas (confirmadas y ratificadas por los generales traidores Huerta y Manuel Mondragón) a Francisco Cárdenas y Rafael Pimentel para que durante el transcurso de la noche del sábado 22 y la madrugada del domingo 23 de febrero de 1913 trasladen a los prisioneros y, en medio del simulacro de un ataque, los asesinen impunemente. Estas órdenes se cumplen.

En resumen, la caída del gobierno de Madero se consuma en febrero de 1913 en el transcurso de diez días, del 9 al

18, en un cruento episodio conocido como la *Decena Trágica*. Los viejos exponentes del régimen porfirista, así como los conservadores, desconfían de Madero, temen una ulterior radicalización política y están dispuestos a secundar toda conspiración para poder abatirla. En el amanecer del domingo 9 de febrero se desencadena un intento de golpe de Estado por parte de un grupo de militares.

Los embajadores de Inglaterra y España, con quienes Madero no simpatiza, ejercen mucha presión sobre el embajador estadounidense Henry Lane Wilson. Este último, contraviniendo la postura de su propio gobierno de no interferir en los asuntos internos de México, entra abiertamente en tratos con los conspiradores y en especial con el general Victoriano Huerta, figura clave en el ejército federal, quien fuera uno de los pilares del régimen porfirista.

El martes 18 de febrero, Madero es arrestado en el palacio presidencial en donde se inicia un complejo trámite para obtener su renuncia y de esta manera dar una apariencia legal al golpe de Estado. Madero se ve obligado a ceder. Forzando mecanismos constitucionales, Huerta es nombrado en pocas horas presidente de la república. No obstante la promesa de Huerta de respetar su integridad física, Francisco I. Madero y el vicepresidente José María Pino Suárez son asesinados la noche del sábado 22 de febrero. Aunque la versión oficial difundida por Huerta es que los dos fueron asesinados en un frustrado atentado de los liberales.

El asesinato de Madero es tomado como un acto de perfidia de Huerta y provoca una inmediata resistencia, lo que abre la segunda fase de la revolución, en la cual asumen papeles determinantes los movimientos populares y en particular el comandado por Pancho Villa en el norte y el de Emiliano Zapata en el sur del país.

4

De general de división
a héroe de la revolución

Una vez pasado el estupor por los cruentos asesinatos de Madero y Pino Suárez, las fuerzas liberales del país logran reagruparse en torno del ex gobernador del estado de Coahuila, Venustiano Carranza, quien tiene el orgullo de enarbolar las banderas de la Constitución y la libertad.

El movimiento armado revolucionario adquiere nueva fuerza, más brío; de ser una brisa en sus inicios, con Madero a la cabeza, ahora, con su muerte, se ha convertido en un huracán de tremenda fuerza y de consecuencias fatales e impredecibles.

Mientras entran en acción estas fuerzas revolucionarias, los traidores están satisfechos por haber llegado al poder sin importarles la muerte de tantos inocentes. De entre estos individuos alevosos, se encuentran en primer plano: Victoriano Huerta como brazo ejecutor y el torvo y miserable embajador de Estados Unidos en México, Lane Wilson; destacan además Félix Díaz, Bernardo Reyes, Manuel Mondragón, Gregorio Ruiz y Fidencio Hernández, todos ellos generales del ejército federal, a quienes se unen Aureliano Blanquet, Juvencio Robles, Cecilio Ocón (el cerebro de la "Operación Traición"), Rodolfo Reyes, Tomás Braniff, Miguel Bolaños, José Bonales, Samuel Espinosa de los Monteros, José Mondragón, Francisco León de la Barra, Jorge Vera Estañol, Nemesio García Naranjo, Querido Moheno, Alberto Robles Gil, Alberto García Granados, Sebastián Camacho, Juan Hernández, Guillermo Obregón, Ricardo Guzmán, Carlos Aguirre, Emilio Rabasa y Tomás MacManus.

En conjunto, todos ellos no sólo truncaron un movimiento democrático que había costado relativamente pocas muertes, sino que avivaron la revolución campesina que al final tuvo un costo en vidas de más de un ¡millón de víctimas!

Pero si los traidores están unidos, los revolucionarios empiezan a estarlo. El último día de febrero de 1913 Manuel M. Diéguez, Benjamín G. Hill, Álvaro Obregón y Plutarco Elías Calles invitan a la población y al ejército local del estado de Sonora para que se levanten en armas y combatan al usurpador Victoriano Huerta. Para este efecto, Ignacio Pesqueira sustituye al tibio José María Maytorena como gobernador del estado; el miércoles 5 de marzo se declara en plena rebeldía contra el espurio presidente del país.

Y si bien Venustiano Carranza ya actúa en Coahuila en este sentido y declara que Huerta no representa a la nación, Pancho Villa está muy atento a todos estos acontecimientos desde El Paso, Texas, y muy molesto con el cónsul de México en esta ciudad, porque nunca advirtió sobre la conspiración en la que tanto le insistió Villa.

En cuanto el general Villa se entera de la *Decena Trágica*, decide regresar a México y juntar a todos los hombres disponibles para iniciar una batalla a muerte contra el traidor Victoriano Huerta, quien no sólo atentó contra su vida, sino que ahora tiene en jaque a todo el país. Ya no se trata sólo de una venganza personal (aunque sí la considera), sino más bien de enfrentarse con plena justicia al asesino usurpador del poder.

El jueves 6 de marzo, Pancho Villa regresa a territorio mexicano únicamente con cuatro acompañantes, tres caballos, dos libras de azúcar, una de sal y otra de café. De inmediato se dedica a conseguir hombres dispuestos a combatir al traidor Huerta; convencido de que el movimiento armado es la única solución a la situación caótica del país, Villa está a punto de convertirse en un caudillo de la revolución.

Ni Villa ni mucho menos sus amigos tienen dinero suficiente para comprar caballos, por eso envía a dos de ellos a una pensión de equinos de alquiler. Durante una semana pagan rigurosamente el alquiler, de tal forma que cuando al encargado de los cuadrúpedos le son requeridos ocho de ellos, él no pone ninguna traba, confía en que se los regresarán, pero no es así.

Los caballos desaparecen junto con los jinetes y no es sino hasta seis meses después que el mozo vuelve a tener noticias de ellos, una vez que la División del Norte entra victoriosa a Ciudad Juárez, Chihuahua, al mando de cuatro mil soldados efectivos. Sin que pase un día más, un mensajero se presenta en la pensión con 16 caballos para restituirlos.

Por otra parte, se informa al general Villa que en la estación de tren de Mápula los enviados de Victoriano, el jefe del estado mayor, Benjamín Camarena y Hernán Limón han matado a Abraham González, gobernador de Chihuahua y gran amigo suyo. Esta fatal noticia indigna a Villa, sobre todo al enterarse de la terrible forma en que asesinaron a su gran amigo y padre ideológico.

Si Benjamín Camarena, un tipo desalmado y servil que fue capaz de matar a su propio hermano Felipe por haber permanecido fiel al movimiento revolucionario; incluso ordenó que el cuerpo de Felipe fuera arrastrado a cola de caballo por las pedregosas calles de la ciudad de Chihuahua, quedando la masa humana irreconocible, ¿qué le esperaba a Abraham González? Solamente una muerte igual de cruel.

El gobernador es apresado en su despacho y llevado a la cárcel. Durante la madrugada del viernes 7 de marzo de 1913, con las manos atadas a la espalda, parte en tren. La máquina es detenida en la estación de Mápula, aún cerca de la ciudad de Chihuahua, y se ordena a Abraham que salga a la plataforma del vagón en donde, entre insultos y golpes brutales, es arrojado a una pequeña barranca. Mientras el cuerpo da vueltas sin control, los soldados lo acribillan. Una muerte demasiado cruel e injusta para alguien que se ganó un lugar por sus ideas justas y progresistas en el movimiento revolucionario mexicano.

Esta noticia hace que el de por sí quemado rostro de Pancho Villa se encienda y llene de ira desmesurada. Su mente se nubla, desea la venganza y está dispuesto a matar a cuantos huertistas encuentre en su camino. En cada poblado habla a los campesinos, mineros, obreros, a mujeres y niños que lo escuchan para que lo ayuden a vengar la muerte de Abraham que no sólo lo enojó a él sino que representa otro insulto para todos los chihuahuenses y mexicanos.

Villa está enormemente contrariado. No duerme ni come ni está un momento en paz. De manera convincente muchas veces, y amenazadora otras, ha agregado a su ejército más y más hombres al grito de "¡Vámonos con Pancho Villa…!" Primero son cien, luego quinientos, después tres mil y finalmente diez mil hombres dispuestos a todo, pero principalmente a vengar las muertes de Madero y Pino Suárez y, por supuesto, la de Abraham González.

La figura de Pancho Villa se manifiesta ambiguamente; es un asaltante-ángel vengador de las ofensas contra el pueblo. Se trata de dos facetas inseparables, ya que el carácter psicológico del hombre de campo es inseparable del hombre de la revolución. Su destino parece modelarse en su predisposición a estar al margen de la ley y a no respetar las normas sociales, representando a su vez la expresión más sentida de una nación.

Villa domina muchas vidas y enormes extensiones de terrenos, reparte armas entre los que carecen de trabajo para que se unan a su causa y a la de la revolución, crea un ejército profesional de ¡50,000 hombres! y es cortejado y tentado por el presidente de Estados Unidos, quien lo considera como un posible futuro gobernante de México.

Pero en realidad a Villa no le interesa la silla presidencial, por más que sus críticos así lo consideren; él es gente de campo y no un hombre que pueda estar detrás de un escritorio dando órdenes y tratando de administrar un país en pleno caos económico, político y social.

Plan de Guadalupe

El miércoles 26 de marzo de 1913, en la hacienda de Guadalupe, Coahuila, se redacta y se firma el Plan de Guadalupe. Venustiano Carranza es una figura central en la elaboración de este documento en el que se hace un llamado a todos los habitantes del país para que se unan a los revolucionarios y combatan a fondo al traidor, usurpador, asesino y dictador Victoriano Huerta.

En dicho plan se nombra a Carranza primer jefe del ejército constitucionalista, quien se dirige a los jóvenes con la siguiente arenga: "La guerra será más breve si es menor la resistencia. Tengan en cuenta que los terratenientes, el clero y los grandes industriales son más fuertes y vigorosos que el gobierno usurpador. Por consiguiente, primero se debe acabar con el gobierno de Huerta y luego resolver los problemas que justificadamente entusiasman a la juventud. Pero ahora, a éstos no les está permitido escoger los medios para dominar las fuerzas que se opondrán tenazmente al triunfo de nuestra causa. Así pues, marchemos unidos en la lucha contra Huerta que una vez esté vencido, daremos leyes a nuestro pueblo que lo sacarán de la miseria y la ignorancia."

En otras palabras, el Plan de Guadalupe exige el desconocimiento de Huerta, incita a la rebelión y establece que: "El ciudadano Venustiano Carranza, gobernador constitucional del estado de Coahuila, es nombrado comandante en jefe del ejército que deberá hacer triunfar nuestra causa; él organizará nuestro movimiento formando un ejército que se habrá de llamar 'constitucionalista'. Apenas el ejército constitucionalista haya ocupado la ciudad de México, Venustiano Carranza, o quien lo sustituya en el mando, será llamado provisionalmente a la dirección del Poder Ejecutivo."

A Villa no le desagrada este plan de Carranza y lo acepta en cada una de sus letras. La primera jefatura del ejército constitucionalista se establece en Piedras Negras, Coahuila, y se decreta que a los generales, jefes y oficiales del ejército revolucionario de 1910 que se incorporen en un plazo de treinta días, les serán reconocidos sus grados.

Poco a poco se incorporan al constitucionalista personajes tan importantes como Lucio Blanco, Cándido Aguilar, Jesús Castro, Francisco Murguía, Francisco Mújica, Luis y Eulalio Gutiérrez, Francisco Coss, Roberto Rivas, Álvaro Obregón, Plutarco Elías Calles y Lázaro Cárdenas.

Pancho Villa muestra su adhesión a Carranza por medio de un telegrama y de inmediato va a la acción; junto con Manuel Chao, Maclovio Herrera y Tomás Urbina, logra su primera victoria al tomar por asalto el poblado de Saucillo, Chihuahua, y derrota al general huertista Cayetano Romero. Los soldados de Romero que logran escapar llegan hasta la ciudad de Chihuahua para unirse a las fuerzas federales ahí reclutadas.

Villa empieza como a él le gusta: ganando por la fuerza de las armas y de la estrategia militar. A Santa Rosalía de Camargo se dirige luego para preparar con calma la toma de Torreón, en Coahuila, ya que allí está estacionado un ejército muy numeroso de huertistas y no es momento para arriesgarse a una derrota dolorosa causada por la precipitación y la mala planeación del asalto a esta ciudad.

Mientras tanto, en la capital del país, Victoriano Huerta sigue haciendo de las suyas; no sólo es un dictador, traidor y asesino, sino que ahora hay que agregar a su mente enferma los nocivos efectos del alcohol que consume en grandes cantidades. Sólo a una mente enferma y delirante se le puede ocurrir eliminar a la oposición en las cámaras de diputados y senadores y arremeter contra éstos; así, acaba con prominentes legisladores como Serapio Rendón, G. Gurrión, Néstor Monroy y Belisario Domínguez y asesina también al poeta nicaragüense Argüello, al periodista Alfredo Campos Martínez, los abogados Pablo Castañón y Emilio Palomino, al ingeniero Carlos Villa, al mayor Aurelio Saldaña, al general Gabriel Hernández, al coronel Alfonso Zaragoza, al intendente de palacio Adolfo Bassó y a muchos más entre obreros, funcionarios y hasta telegrafistas simpatizantes de la causa de Madero.

Ante estos impunes asesinatos, los diputados que salvan la vida disponen que Huerta sea investigado, principalmente por el homicidio del senador Belisario Domínguez, y esto es tomado por el dictador como un reto a su "alta investidura". Por tanto, después de pensarlo rápidamente con muchas copas de alcohol encima, el viernes 10 de octubre de 1913 decreta la disolución del Congreso de la Unión.

Este segundo golpe de Estado perpetrado por el alcohólico Huerta tiene como resultado la aprehensión de ¡83 diputados! quienes son llevados a la penitenciaría del Distrito Federal unos, y al cuartel de Canoa otros.

Al enterarse Villa de estos lamentables hechos, con el rostro enrojecido por la ira grita a todos sus soldados: "¡El muy cochino de Huerta, quien asesinó a don Francisco, don Gustavo Madero, don José María Pino Suárez y a don Abraham González, ahora encarcela a los diputados a los que no ha logrado asesinar, como es su costumbre, y ese desgraciado también quiso fusilarme a mí, muchachitos! Pero juro ante todos ustedes que ese maldito borracho jefe de una horda de desgraciados, que en el crimen es intolerante, no escapará como lo hizo Porfirio Díaz, ¡porque yo iré a matarlo y lo haré donde lo encuentre!"

Pero antes de iniciar su viaje al Distrito Federal, es necesario que las fuerzas villistas constitucionalistas ataquen y tomen la ciudad de Torreón; esto se lleva a cabo en los últimos días de octubre de 1913. Cabe destacar que Pancho Villa aprende sus estrategias militares en la sierra; sus movimientos guerrilleros consisten en entrar rápido, golpear al enemigo, tomar el botín y regresar aún más rápido a su territorio, y esto lo aplica en sus incursiones ya como revolucionario. Él mismo desarrolla su estrategia, la cual mejorará con los consejos del experto general Felipe Ángeles, quien se le unirá unos meses más tarde.

Sin haber conocido ni leído nada acerca del genio militar francés del siglo XVIII, Napoleón Bonaparte, Villa utiliza su misma estrategia: avanza silenciosa y rápidamente, adelantándose al enemigo, adapta la estrategia de sus soldados según las condiciones del terreno (e incluso considera las del clima), mantiene estrecha relación con los oficiales, pero también con los soldados rasos, y hace creer al enemigo que su ejército es invencible.

Sabe que sus hombres, al no tener casi ninguno formación militar, no pueden ser disciplinados en el campo de batalla, por eso los aprecia por su valor, individualidad y espontaneidad al combatir; ellos saben bien que cuando las luchas son difíciles y cruentas, su general Villa está a su lado, peleando como un soldado más.

Las batallas libradas en la toma de la ciudad de Torreón son tremendas, reñidas y causan muchas bajas a los dos grupos combatientes, pero el ímpetu, temeridad y valentía del ejército de Villa es superior. Finalmente, logran entrar triunfantes a la ciudad. Pancho Villa, a la cabeza en su hermoso y brioso caballo, con su rifle, sus cananas y su uniforme sucio, la recorre lentamente, saboreando el exquisito sabor del triunfo y la gloria; así marcha con su gente hasta llegar al palacio municipal.

En cuanto ocupa la oficina principal, se informa al general que varios comerciantes españoles y mexicanos hicieron favores a los huertistas al denunciar a los simpatizantes del movimiento civil armado para su aprehensión y fusilamiento de muchos de ellos. La orden de

Villa no se hace esperar: "¡A ver, muchachitos, tráiganme a esos canijos gachupines y a esos malnacidos mexicanos!"

Villa exige entre gritos y sombrerazos a seis comerciantes españoles y dos mexicanos que expliquen la conducta por la que son acusados, pero ellos no saben qué decir, titubean, se contradicen, hablan mucho y no dicen nada; ante tales evidencias, el militar decide que los extranjeros sean encarcelados y fusilados al día siguiente, y los nacionales encerrados en un vagón de tren hasta que se disponga su fusilamiento o libertad.

La noticia de este acto, como sucede en la mayoría de los pueblos del mundo, corre a velocidad vertiginosa y pronto se forma una comisión de familiares y personalidades destacados del municipio para solicitar clemencia para salvar la vida de los ibéricos. Villa se contiene para escucharlos.

Una vez que terminan de hablar les dice: "¿Por qué antes de que yo llegara a Torreón no usaron ustedes su influencia para evitar que esos mismos hombres que ahora protegen causaran la muerte de algunos de nuestros hermanos revolucionarios con sus denuncias? ¿Por qué defienden al rico y no al pobre? ¿Por qué abandonan ustedes al que quiere la justicia del pueblo y favorecen al partidario de la tiranía y de la usurpación? ¡Quítense miserables de mi presencia y no traten de sorprender mi conciencia con el pretexto de la humanidad, si no quieren que aquí mesmo los mande fusilar, pa'que de una vez sepan cómo cumplen su deber los hombres que andamos en la lucha por el bien de nuestros semejantes! ¡Lárguense antes de que me deje llevar por mi temperamento arrebatao!"

Pero la presencia femenina tiene gran influencia en el general Villa. A él se acerca un grupo de varias mujeres, algunas muy jóvenes y bonitas, para solicitarle que reconsidere su decisión. Éste es un "argumento" más fuerte que todos los ruegos del mundo, y así, después de hablar con ellas y disfrutar sólo con la vista de su presencia, Villa les promete que no fusilará a los españoles.

Su lugarteniente y hombre de confianza, Rodolfo Fierro tiene la osadía de reclamarle esta contraorden para no fusilar a los causantes de la muerte de muchos revolucionarios, pero lo único que le dice el general es: "Tienes razón, Rodolfo, pero una de esas señoras me imploró con palabras tan conmovedoras y con su cara llena de lágrimas que me ablandó el corazón, ¿qué quieres que haga? Y ni modo de que 'ora haga otra cosa de lo que les prometí."

Y agrega Villa: "Pero lo que no prometí es que los iba a dejar aquí, así es que ahoritita mesmo me formas un tren con vagones para ganado y ahí los encierras para se vayan lo más lejos posible de Torreón, no quiero volver a verlos en mi vida y que mejor se larguen de México ahora que pueden, porque el día que los encuentre otra vez, en ese mesmo momento los fusilo a todos sin vacilar."

Así lo dispone Rodolfo Fierro. Está lista la máquina y los tres vagones de ganado para alejar para siempre a los miserables usureros y comerciantes españoles y a los traidores mexicanos, pero en cuanto éstos miran al interior de los vagones, se "indignan" y protestan, jugándose la vida con ello, ya que dicen que no son cabezas de ganado sino personas y que, por si fuera poco, no caben todos.

El capitán, pacientemente les dice que se suban y se acomoden como puedan y procuren que entren todos, pero no hacen caso; aún así el capitán les insiste, y ellos intentan acomodarse ocupando mucho espacio, sienten mucho asco ya que los vagones están llenos de excremento y de paja echada a perder. Cuando el general se presenta para ver si ya están listos para irse, el capitán le dice que no caben todos, e inmediatamente Villa le grita a su soldado: "Está bueno amiguito, que se vayan los que quepan y los que no, me los fusila aquí mesmo, ¡qué le vamos a hacer!"

Santo remedio, pues con esta advertencia todos los prisioneros se acomodan y hasta espacio les sobra; pero ahora exigen que les den alimento para el viaje, pues tienen más de quince horas encerrados y no han probado alimento alguno. Villa asiente con la cabeza y además les dice: "¡Cómo no señores! ¡A ver muchachitos, a estos presos hay que alimentarlos! Tú, Fierro, ve a buscar un costal con harina de maíz y apúrate que los señores están hambrientos."

Al llegar el costal con el alimento, el general ordena que den a cada prisionero un puñado de harina, provocando el enojo de los comerciantes a punto de exiliarse.

—Pero, ¿qué es esto, general? —enseñando la harina tomada con sus manos.

—Pos, ¿qué no ven ustedes? ¡Harina de maíz!

—¡Oiga, mi general!, ¿qué acaso somos bestias?

—¡Ah, qué señores estos!, ¿ustedes saben qué comen los pobres?, ¿acaso pollos y perdices? ¡No, amiguitos; los pobres siempre comen eso mismo que ahora les doy a ustedes! ¡Y no protestan! ¡Mucho se han guardado de protestar porque ustedes los mandarían al alguacil para que los encarcelaran por revoltosos! ¡Ándenles, coman, así aprenderán a comer como los pobres, porque puede que ustedes vayan a menos y no extrañarán la comida de los campesinos que hasta hoy ustedes han explotado!"

Así de simple, así de tajante, ésta es la justicia de Pancho Villa, tal parece sacada de una de las aventuras de Don Quijote de la Mancha que de la vida real, pero ya se sabe que ésta siempre supera a la imaginación y a la ficción.

Otro ascenso militar para Villa

Después de calmar a la población de Torreón, se celebra una asamblea entre jefes y oficiales villistas. Calixto Contreras toma la palabra y propone a Villa como máximo jefe de la División del Norte, moción aprobada por unanimidad y aclamación; desde luego, el general acepta su cargo de inmediato y enteramente complacido.

Como parte de sus primeras acciones nombra a las autoridades y gobernantes de la ciudad de Torreón y planea el siguiente ataque a Chihuahua o a Ciudad Juárez. Deciden que sea a esta última, ya que la primera está perfectamente pertrechada y posee un ejército muy superior al de la División del Norte.

Y Villa se estrena como jefe del ejército del norte con una rápida victoria el domingo 16 de noviembre de 1913, y no sólo triunfa sino que consigue una enorme cantidad de armamento en excelente estado de funcionamiento y, lo mejor, la adhesión a su tropa de muchos revolucionarios, no únicamente de Ciudad Juárez sino también de muchas partes del país, atraídos por el imán, carisma, rudeza y atrevimiento del general Pancho Villa.

Su estrategia militar natural le permite otra vez ser un innovador en cuanto a ataques sorpresivos se trata. Otras divisiones incluyen entre sus filas a mujeres y niños, familiares de los soldados, que en determinados momentos de la lucha armada obstaculizan un ataque rápido y eficaz; por eso, cuando es necesario, Villa deja atrás a los que no son soldados para embestir con toda la fuerza de su ejército.

No es necesario estar siempre cerca del campamento, ya sea en trenes o poblados; esto no es importante para el general de la División del Norte cuando de ataques sorpresa se trata, ¡ah, pero sí lleva un vagón especialmente habilitado como hospital de campaña en el que incluye mesas de operaciones, el más moderno instrumental quirúrgico y un equipo de más de sesenta doctores y enfermeras! Complementando este adelanto militar, hay otro tren con alimentos como harina, café, maíz, azúcar y cigarrillos, entre otros víveres; por esto y por todas sus acciones en favor de los pobres, Pancho Villa es idolatrado, admirado por su valentía, sencillez y hasta por su brusquedad.

Villa va por más

Con el gran botín de guerra obtenido en Ciudad Juárez, los jefes militares de la División del Norte deciden ir sobre la ciudad de Chihuahua. Saben que deben enfrentar en el camino a otras tropas huertistas y librar una batalla en Tierra Blanca, una enorme extensión de campo desértico, mismo que al ser observado por Villa le provoca gran emoción; mirando al horizonte parece decir a sí mismo: "¡Este territorio es una hermosura, es ideal para llevar a cabo una gran batalla!"

Los soldados federales fieles a Huerta y comandados por José Inés Salazar, son muchos y están muy bien entrenados; al ver a lo lejos a la División del Norte, sonríen orgullosos menospreciando al enemigo y dicen entre ellos que "los villistas son buenos para las luchas en peñas y para hacer emboscadas traicioneras de los guerrilleros. Allí, son temibles, pero en la llanura y frente a un ejército compacto, bien armado y disciplinado, no sirven. Los veremos corren 'na'más dispare la artillería."

Sin embargo, la situación es distinta. En cuanto empieza la batalla, la artillería de los "pelones" dispara constantemente, pero no logra que los villistas retrocedan, sino que los incita a seguir cabalgando de frente, gritando como poseídos contra los huertistas "jijos de su pelona".

Los soldados "orgullosos, entrenados y disciplinados", al no poder contener el embate de los revolucionarios del norte huyen en desbandada. Los villistas entran triunfantes en Tierra Blanca el martes 25 de noviembre de 1913, tomando numerosos prisioneros y rescatando el armamento. Al reunirse con su tropa, Villa grita a sus soldados: "¡Muy bien, muchachitos, ahora vamos a Chihuahua!"

Y a Chihuahua van. Villa ordena que Pánfilo Natera organice una avanzada de dos mil hombres para hostilizar a los federales que están más adelantados; después atacarán las fuerzas de los generales José Rodríguez con quinientos elementos de la brigada Villa y Faustino Borunda de la brigada Morelos; Trinidad Rodríguez y Luis Díaz Crider tendrán el mando de otras brigadas; Cuauhtémoc y Contreras rodearán la ciudad; Martiniano Servín, el artillero, se emplazará exactamente enfrente de la entrada de la ciudad, alistando dos baterías, y finalmente, Margarito Gómez estará listo para entrar en acción con las ametralladoras.

La lucha dura exactamente un día completo, sin interrupción. Al anochecer del sábado 13 de diciembre de 1913, Pancho Villa, al frente de su División del Norte, entra en la ciudad, se encamina en dirección al centro y grita al unísono con sus tropas: "¡Viva Francisco Madero!"

He aquí los cambios que proporcionan la suerte y el destino: ahora Villa entra como máxima autoridad de la ciudad y no como un pobre peón de albañil que está a expensas de lo que hagan y decidan los demás. Aunque está casado ¡con dos mujeres!, Luz Corral y Soledad Seañez, aun así desea mirar el rostro de la mujer que siempre ha amado y no olvidará jamás.

En este tiempo, Pancho Villa se autoproclama gobernador militar de todo el estado de Chihuahua, pero debe decidir cómo organizarse para gobernar a cuando menos ¡300,000 personas!

Pone a los integrantes de su ejército a hacer labores civiles en la planta eléctrica, los tranvías, los telégrafos, el abasto de agua, los molinos de harina de trigo, en los puestos administrativos de las grandes haciendas confiscadas, principalmente a la familia Terrazas, en el rastro, el cual vende la carne de res muy barata a la gente del pueblo. Mil soldados son habilitados como policías; se prohíben los robos y muy especialmente la venta de licor a los soldados bajo la pena de muerte en los dos casos. Villa piensa que en tiempo de paz los soldados deben hacer trabajos fuera de la milicia, de lo contrario, únicamente se la pasan pensando en la guerra.

A pesar de todos estos logros, la mayor preocupación del general de la División del Norte es la construcción de escuelas; en la ciudad de Chihuahua construye más de ¡cincuenta! para menos de 40,000 habitantes. Villa piensa que la tierra repartida justamente entre los campesinos y la educación son la base para resolver todos los problemas de la civilización.

Alguien que reconoce a Villa ahora como revoluciona-rio y antes como albañil y acusado de asaltante, se le planta enfrente y conversa así con él:

—¡Hola, mi general Villa! ¡Cómo cambian los tiempos!, ¿no cree?

Villa siente la doble intención de la persona y sin per-der la sonrisa le contesta:

—No mucho, señor, porque yo no olvido mi origen ni a los míos, mucho menos a quienes hace años se acercaron a mí con buenas intenciones, y por si no es suficiente, ami-guito, tampoco he olvidado los rezos que mi madre me enseñó cuando mis hermanos y yo éramos niños.

Y para que no le quede ninguna duda al insolente in-terlocutor, Villa agrega:

—Lo que aquí veo son muchas almas mezquinas y co-razones secos. Y ya lo ve, amiguito, cuando estaba con mi madre y después en la montaña en el abigeo, extirpaba car-dos y cizañas y ahora he de matar hombres... y no sólo a militares sino también a los traidores civiles. Y se me hace que por estas ciudades andan sueltos algunos sujetos que me reciben con lisonjas y alabanzas y quieren verme muerto.

Rodolfo Fierro interviene en la plática:

—Nunca faltan intrigantes y aduladores, como tampo-co las zancadillas y los engaños, afortunadamente, mi ge-neral Villa ya sabe de quiénes se puede fiar y de quiénes no, ¿no es cierto mi general?

—Por supuesto, muchachito, esos vaciladores que hur-gan por ahí no saben jugarse la vida cara a cara como me la juego yo cada día y a cada momento.

De inmediato, el cohibido y temeroso personaje que in-tentó pasarse de listo con el general Villa, opta por despedir-se apresuradamente para no provocar que lo mande fusilar en ese momento por impertinente y por intentar insultarlo.

Otro pasaje que muestra que Villa no es el ser despia-dado e inhumano, que muchos de sus detractores han que-rido mostrar, sino una persona justa y equilibrada, es el correspondiente a esta parte de la conquista de la ciudad de Chihuahua y por ende del estado:

A las pocas horas de haber tomado la ciudad, se presenta ante el general Villa un grupo formado por algunos cónsules extranjeros para solicitarle protección para los 200 soldados federales habilitados como policías, gracias a una solicitud de los extranjeros al gobierno anterior. El general deja que hablen y al terminar les pregunta:

—¿Quién es el cónsul español?

—Yo represento a los españoles. Contesta el vicecónsul inglés, Scobell.

—¡Muy bien! Dígales a todos que preparen sus maletas, ya que cualquier español que sea detenido dentro de los límites del estado después de cinco días será llevado al paredón más cercano por un pelotón de ejecución.

Los cónsules protestan airada y violentamente, principalmente Scobell, pero Villa no está dispuesto a impertinencias y lo calla, diciéndole.

—Esto no es una determinación inesperada de mi parte. He estado pensando en ella desde 1910. Los españoles deben irse.

De inmediato y suavizando el tono de voz, el representante de Estados Unidos, Letcher, dice:

—General, no discuto sus motivos, pero creo que está usted cometiendo un grave error político con este acto. El gobierno de Washington vacilará mucho antes de ser amigo de un bando que hace uso de tan bárbaras medidas.

A lo que responde Villa, aún con paciencia:

—Señor cónsul, nosotros los mexicanos hemos tenido trescientos años de experiencia con los españoles. No han cambiado en carácter desde los conquistadores. No les pedimos que mezclaran su sangre con la nuestra; los hemos arrojado dos veces de México y les hemos permitido volver con los mismos derechos que los mexicanos, pero han usado esos derechos para robarnos nuestra tierra, para hacer esclavo al pueblo y para tomar las armas contra la libertad.

Y agrega:

—Apoyaron a Porfirio Díaz y fueron perniciosamente activos en política; los españoles fraguaron el complot para llevar a Huerta al palacio nacional. Cuando Madero fue asesinado, los españoles celebraron banquetes jubilosos en todos los estados de la república, por lo que considero que somos muy generosos.

Scobell, convencido de que Villa no cambiará de opinión, le comenta que cinco días son muy pocos para poder avisar a todos los españoles que viven en el estado; Villa lo comprende y aumenta el plazo a diez días.

Por otra parte, las fuerzas revolucionarias cosechan triunfos y conquistan ciudades, dando mayor fuerza al movimiento de insurrección contra el traidor Victoriano Huerta. A las victorias villistas se agregan las de Pablo González al frente de la División del Noreste; sin embargo, Villa y su tropa tienen que regresar a reconquistar Torreón, nuevamente en manos del usurpador; el jueves 2 de abril de 1914 lo consiguen y nunca más la ciudad vuelve a caer en poder de los federales.

En un periodo de dos años, Villa crea un vasto movimiento político y goza de una gran popularidad, incluso entre la opinión pública estadounidense. A principios de 1914, una compañía cinematográfica de aquel país obtiene permiso para filmar las hazañas de su ejército; en el mes de mayo se proyecta *The Life of General Villa* (*La vida del general Villa*). En México, sus hazañas militares ya legendarias son narradas, como los antiguos juglares, de viva voz convertidas en *corridos*, vertidas en la memoria colectiva.

Villa acepta a militares resentidos con Carranza

Con las contundentes victorias de la División del Norte al mando de Pancho Villa, muchos revolucionarios piden su cambio para incorporarse al ejército liderado por Villa; de entre ellos sobresalen dos personajes que influirán grandemente en el general para lograr otros triunfos, pero sobre todo, para cuando venga la inevitable ruptura con el líder general del ejército constitucionalista.

El primero de ellos es el licenciado Francisco Escudero, quien se distancia de Venustiano Carranza cuando, como secretario de Relaciones Exteriores, actúa sin el consentimiento de su jefe al publicarse en periódicos de Estados Unidos y Cuba sus declaraciones respecto a la política nacional e internacional del ejército constitucionalista, mismas que no son avaladas, ratificadas ni mucho menos consultadas con Carranza; aunque las declaraciones en sí no son graves, sí se trata de una actitud contraria a la disciplina que deben aplicar estrictamente los funcionarios encargados de los diversos ministros del constitucionalista.

Por esta razón, el licenciado Escudero llega a Villa para ponerse a sus órdenes; de inmediato, éste le otorga un alto cargo en su gobierno y ejército, lo que muestra que Villa toma decisiones al margen de Carranza, y no tiene por qué no emplear a alguien que puede ser útil a la causa revolucionaria. Este hecho hace más grande la grieta entre dos de los generales más afamados del movimiento armado, provocada por el mismo Carranza cuando pone a Villa bajo las órdenes de Álvaro Obregón. Villa jamás perdonará este "insulto" y aprovechará cualquier circunstancia para hacérselo notar.

El otro personaje es Felipe Ángeles, extraordinario hombre para unos, e indigno de pertenecer a la revolución para otros. Lo cierto es que se trata de un hombre culto, inteligente y bondadoso. Más allá de la disciplina militar, tiene una disciplina personal muy rígida: por principio, Ángeles es vegetariano y no consiente que otros se alimenten con carne de animales sacrificados específicamente para ello; se levanta muy temprano; se baña con agua fría; cabalga por espacio de dos horas, y luego de poner a descansar a su caballo, él camina entre ocho y diez kilómetros diariamente; antes de comenzar otras actividades, dedica algunas horas para estudiar. Toda esta intensa actividad lo conserva fuerte, alegre y jovial.

Felipe Ángeles es considerado el militar más capaz y con mayor preparación de todos los miembros del ejército constitucionalista; esto provoca envidia entre quienes lo rodean. El mismo Carranza suele sentirse incómodo ante su presencia. A Ángeles esta situación le provoca amargura. Su actitud es malinterpretada como timidez e incluso cobardía, cuando en eventos populares él prefiere ceder su lugar de honor a personas de menor jerarquía militar o con menos méritos que los suyos.

Un personaje así, sólo puede tener cabida en el ejército villista, y es ahí donde va a parar. Pancho Villa es de los pocos que reconocen su valor como militar y específicamente como artillero; ni Carranza ni Obregón han reconocido cabalmente esta destreza, pues ellos no admiten más superioridad e inteligencia que la suya.

Explicación no pedida, acusación manifiesta

Pese a los enfrentamientos velados entre Villa, Carranza y Obregón, muchos revolucionarios ven en ellos a futuros presidentes de México; aunque no se sabe en qué orden, existe la certeza de que cada uno llegará a ocupar la silla presidencial.

Pero Pancho Villa siempre ha dicho que no espera llegar a presidente y expone sus consideraciones, algunas veces a su historiador de cabecera, Martín Luis Guzmán, otras a los periodistas: "Deben entender que yo soy un guerrero, no un hombre de Estado. No soy lo bastante educado para ser presidente. Apenas aprendí a leer y escribir hace dos años. Entonces, ¿cómo podría yo, que nunca fui a la escuela, esperar poder hablar con los embajadores extranjeros y con los caballeros cultos del Congreso? Sería una desgracia para México que un hombre inculto como yo fuera su presidente.

"Para mí está claro que hay una cosa que yo no haré: es la de aceptar un puesto para el que no estoy capacitado. Existe una sola orden de mi jefe [Venustiano Carranza] que me negaría a obedecer si me la diera: la de ser presidente o gobernador."

Y como dicen: "explicación no pedida, acusación manifiesta". Muchos enemigos de Villa, declarados o encubiertos, interpretan estas afirmaciones de forma contraria y afirman que precisamente Villa busca llegar a la presidencia a costa de lo que sea, y por eso se muestra tan "indisciplinado" y actúa como le da la gana. Sin embargo, a pesar de que nunca menciona el nombre de Venustiano Carranza, Villa lo reconoce como el primer jefe del ejército constitucionalista, e incluso considera que en la figura de Carranza se aglutinan todos los ideales de la revolución; no obstante, varios de sus consejeros le han dicho que no sea tan porfiado con su jefe, pues en esencia es un aristócrata y un reformista, muy parecido en este sentido al desaparecido Francisco I. Madero.

¿Y la religión?

Igual que en otros ámbitos, Pancho Villa tiene ideas muy claras acerca del papel de la religión, en especial de la católica, en la que cree un altísimo porcentaje de los habitantes del país. Cierto día, un sacerdote cuestiona al general sobre si realmente cree en Dios y en su justicia, a lo que el tozudo militar responde: "Yo no niego la existencia de Dios, sino que la declaro y certifico porque mi creencia en Dios me ha animado en muchos trances de la vida, pero considero que no es sagrado todo lo que se cobija debajo de la religión, porque muchos hombres religiosos la usan para beneficio de sus intereses, no a beneficio de las enseñanzas que predican, por eso hay sacerdotes malos y sacerdotes buenos.

"Entiendo, señor, que debemos consentir y ayudar a los buenos y aniquilar a los malos. Hay sacerdotes que son muy malos, pues debiendo ellos enseñar el bien mediante los sacrificios, se dedican al cultivo de las pasiones por caminos que son del mal. O sea, que merecen el mayor castigo, al igual que debe castigarse a los bandidos, teniendo en cuenta que los bandidos no engañan a nadie con los actos de su conducta, ni fingen lo que no son, mientras que los falsos sacerdotes sí, y engañando ellos de ese modo, labran muy grandes desgracias para el pueblo."

Y congruente con su pensamiento, cuando las tropas villistas toman la ciudad de Saltillo, en Coahuila, el general expulsa a los sacerdotes extranjeros, pero no lo hace por nacionalista, sino porque se han atrevido a prestar su ayuda a los partidarios del traidor Victoriano Huerta. A propósito de este hecho, se forma una comisión entre sacerdotes mexicanos para solicitar a Villa que no expulse a los religiosos extranjeros; la respuesta no puede ser otra más que ésta:

"Me asombra mirarlos a ustedes en tan grave error. Yo no ataco a la religión ni voy en contra de sus personas. Ustedes no ignoran que andamos luchando por el bien de los pobres, como ustedes también [lo hacen], y vemos con tristeza que unos hombres religiosos de origen extranjero vienen a quitarles a ustedes el sustento, y que otros sacerdotes llamados jesuitas, extranjeros o mexicanos, se cobijan en la religión de la pobreza y de los trabajos, no para vivir pobres y obedientes conforme ustedes viven, sino con ánimo de dirigir y mandar y aun de disponer del goce de las riquezas.

"Déjenme que los proteja a ustedes en contra de ellos. No malgasten los impulsos de su bondad en cosas que no lo merecen y vivan seguros que los revolucionarios no los combatimos a ustedes, sino que los defendemos. Nosotros queremos que sigan ustedes en su misión y sólo les pedimos que la ejerzan en ayuda de los pobres y no para sosiego de los ricos."

Villa no sabe nada acerca de las bases del socialismo y comprende superficialmente al capitalismo; considera que quien obtenga dinero producto de su trabajo y de sus empleados, a quienes debe ayudar para que vivan decorosamente, ése merece su riqueza, pero aquel que la obtiene producto de la explotación de sus peones, ése debe pasar a la pobreza de inmediato, y sus empleados a la posesión de la tierra o la fábrica o el comercio, para que puedan vivir con dignidad.

Pancho Villa no es un hombre despiadado, sino un hombre contradictorio que vive el momento, no soporta a los impertinentes ni a los soberbios, ni a los engreídos, ni a los injustos, ni a los borrachos (él no bebe ni una gota de alcohol ni fuma, a pesar de que el cine le ha creado una falsa imagen de fumador de puros); lo mismo ordena un fusilamiento masivo que llora por una escena que le recuerde a su madre, hermanos y amigos ya fallecidos.

Como muestra de ello, nada mejor que el siguiente hecho, que le recuerda su propia situación años atrás cuando vivía en la sierra. Estando en Ciudad Juárez recibe una petición para que muchos de los mexicanos exiliados puedan regresar a visitar a sus familiares, sobre todo a los enfermos; a esto, el general Villa responde.

"¿Usted no sabe que, cuando yo era un muchachito, una noche vi a los lejos los cirios que velaban el cuerpo de mi madre y que nunca pude acercarme a mojarla con mis lágrimas porque me perseguían los rurales de don Porfirio?"

Y agrega:

"¡Señor, yo estimo que para llorar el cuerpo de una madre, debe dejarse el paso libre al más negro criminal y luego darle ocasión de que llegue sin riesgo al seguro de donde haya salido! Porque según yo creo, eso es justicia y eso debe ser."

Villa tiene una idea singular y muy elevada de la justicia. En una ocasión, uno de sus soldados ve pasar al panadero con su canasto; sin más, le exige que se lo dé, y ante la negativa de aquél, el militar saca su pistola, le dispara sin piedad y le quita su carga sin remordimiento alguno. Al saberlo, el general Villa manda traer al asesino y le dice irritado que no admite ese tipo de acciones y que su crimen merece la horca o el fusilamiento: "Puedo pasar con que le quitaras el pan, porque al fin no era de su pertenencia, pero matar a un hombre pobre como tú... carajo. No se te ocurra volver a hacerlo porque yo mismo te fusilo."

¿Reglas y leyes para la guerra?

En cierta ocasión, el general estadounidense Hugo L. Scott, al mando de las fuerzas de su país en Fort Bliss, envía al general Villa un folleto que contiene las *Reglas de la guerra* recientemente adoptadas por la Conferencia de La Haya. Como un niño curioso ante este hecho insólito a su parecer, lee y relee cada palabra, pregunta a quien cree que puede darle una respuesta: "¿qué es esta Conferencia?, ¿hubo algún representante constitucionalista de México allá?"

En otras ocasiones suele exclamar para sí, aunque haya personas a su alrededor: "Me parece algo gracioso hacer reglas sobre la guerra. No se trata de un juego. ¿Cuál es la diferencia entre una guerra civilizada y cualquier otra clase de guerra? Si ustedes y yo tenemos un pleito en una cantina, no vamos a ponernos a sacar un librito de los bolsillos para leer lo que dicen las reglas. Aquí dice que no deben usarse balas de plomo, pero no veo por qué no, hacen lo mismo que las otras."

Pero Villa en realidad no acata ninguna de esa reglas; para él los "colorados" o "pelones" constituyen el enemigo, y cuando se les captura hay que fusilar a la mayoría de ellos, porque si son peones como los revolucionarios, no deben estar contra la causa de la libertad, a menos que sean malvados, y si lo son, pues deben ser pasados por las armas. A los oficiales federales también los pasa por las armas porque son hombres educados y deberían saber lo que hacen; por el contrario, a los soldados rasos los deja en libertad porque han sido forzados por la leva, ya que cada día son menos los soldados que voluntariamente quieren estar al servicio del usurpador Huerta.

La historia dice que no hay un solo caso registrado en que se haya fusilado o matado a un hombre injustificadamente por orden directa de Pancho; no obstante entre la tropa villista hay quien se atreve a hacerlo: Rodolfo Fierro, mejor conocido como *El Carnicero* ha ganado su apodo a conciencia, pues es un hombre que mata por el simple placer de hacerlo; lo mismo juega al tiro al blanco con cien soldados federales hechos prisioneros, que mata a sangre fría a quince ciudadanos pacíficos sólo por el gusto a la sangre... de los demás.

Injustamente se culpa a Villa de la muerte del cónsul británico Guillermo Benton, calificado de grave error político, pero el mismo general de la División del Norte cuenta en sus memorias: "Cuando estaba yo en Ciudad Juárez, en mi cuartel de la calle Lerdo, una noche se me presentó un inglés dueño de una hacienda que se llamaba, según es mi memoria, Hacienda de Santa Gertrudis.

"Aquel inglés, de nombre Guillermo Benton, había cometido muchos crímenes al amparo de Terrazas. Como yo supiera que era hombre malo y que había dado ayuda a las tropas huertistas y coloradas, tenía dispuesto quitarle aquella hacienda, con orden de que se le pagara el justo valor y había ordenado al dicho Benton que se fuera de México.

"Así lo mandaba yo, seguro de cómo deben ser tratados los extranjeros que explotan al pueblo y que se conchaban con los enemigos de los pobres. Conforme entró donde yo estaba, el Benton me dijo:

—Vengo a verle en exigencia de la devolución de mis bienes.

"Y yo le contesté:

—Amigo, sus bienes no se los puedo devolver. Pero como no entra en mis intenciones perjudicarle, mas que se lo merezca, porque usted es un inglés y no conviene que yo levante conflictos internacionales, voy a darle lo que la hacienda valga, según usted pagó por ella, que más dinero no le he de dar. Y si se me va usted de México y nunca vuelve por aquí.

"Entonces él, levantándose con grande arrebato de violencia, me expresó estas palabras:

—Yo no vendo mi hacienda a ningún precio, ni soy hombre que se deje robar por un bandido como es usted. De modo que ahora mismo va a devolverme lo que me pertenece.

"Y sin más, hizo por sacar la pistola, para que nos agarráramos a balazos, pero advirtiéndolo yo a tiempo, cuando él quiso obrar, yo estaba encima de él y lo tenía cogido y desarmado, entonces, Andrés L. Farías y los hombres de mi guardia, lo cogieron y se lo llevaron.

"Consulté a mis compañeros para saber qué hacer con el inglés, y ellos se inclinaron por el fusilamiento, pero mejor decidí que se lo llevaran lejos donde no lo volviera a ver nunca más. Rodolfo Fierro se encargó de hacerlo y junto con otros hombres se lo llevaron en un tren.

"Después supe que, al apearse del tren se metieron por el campo, buscaron un lugar y pusieron a cuatro hombres a cavar la fosa. Benton los vio cavar y le dijo a Fierro:

—Oiga amigo, mande que hagan el agujero más hondo, porque si no de aquí van a sacarme los coyotes.

"Lo que demuestra cómo el inglés era hombre de mucha ley. Fierro le contestó que ahondarían más la fosa, y según los soldados se ponían a cavar y Benton a ver cómo cavaban. Fierro se le acercó y le dio un balazo por la espalda. El inglés cayó en la fosa y allí quedó. Quedó esposado (con las manos en la espalda) y todo, porque Banda, que era quien tenía las llaves de las esposas, no había acudido al cumplimiento de su deber."

Una vez muerto el inglés, las reclamaciones internacionales a Carranza por parte de Inglaterra y de Estados Unidos no se hacen esperar; el general constitucionalista ordena que el cadáver sea desenterrado, y al hacerlo descubren que el hacendado extranjero murió por un disparo en la espalda y, además, con las manos esposadas a la espalda, quedando más que claro que no hubo juicio alguno y que se aplicó la ley fuga ("tú corres y yo disparo"), preferida de Rodolfo Fierro.

Venustiano Carranza estalla en cólera contra Pancho Villa y le dirige las palabras más duras; éste aguanta todo sin protestar, pese a que Carranza lo insulta sin importarle quién se encuentre junto a ellos, con lo que resta autoridad a Villa.

Frente a la reacción de Carranza, Villa cree en definitiva que el líder de los revolucionarios está insatisfecho con él; su jefe ha restado importancia a sus victorias y ha propiciado la antipatía hacia Villa; Álvaro Obregón, Pablo González e incluso Plutarco Elías Calles se muestran celosos de las batallas ganadas por Villa.

A esta situación se agrega un capítulo muy especial en el que se encuentran Villa y Carranza. Este último desea que Obregón avance hacia el sur para llegar a la capital del país antes de que lo haga la División del Norte y su "despreciable" general Pancho Villa.

Una vez que se sabe que Carranza y Villa no coinciden en absoluto en lo que respecta a cómo lograr el triunfo de la revolución, Carranza hace valer la facultad exclusiva que tiene, como líder del movimiento revolucionario, de destituir o nombrar gobernadores en los estados conquistados; así, acude con Villa a la ciudad de Chihuahua y nombra gobernador al general Manuel Chao, uno de los más fieles seguidores de Villa, pero aunque éste acata la orden, está pensando ya en cómo deshacerse de Chao.

En otra visita al estado, informan a Carranza que debido a una pequeña contrariedad el general Villa apresó a Chao y está dispuesto a fusilarlo; es obvio que quiere dejar claro a todos que el que manda allí es él y que seguirá eliminando a sus enemigos, aunque en este caso Chao no sea uno de ellos.

Como si se tratara de una película, el encarcelado gobernador de Chihuahua, sabiendo que Carranza está en la ciudad, logra hacerle llegar una nota para notificarle su crítica situación; enojado, Carranza manda llamar a Villa y lo enfrenta a una larga fila de cuatrocientos soldados del Cuarto Batallón de Sonora para "obligarlo" a cumplir sus órdenes.

Más que valentía, éste es un despliegue de osadía, pues apenas cuatro centenas de hombres no podrían derrotar a miles de militantes que componen la División del Norte. El general Villa y Carranza se encuentran en el vagón de un tren; el iracundo Carranza exige la inmediata libertad del general Manuel Chao y su restitución como gobernador del estado, a lo que Villa se opone terminantemente acusando la "insubordinación" de Chao.

Ambos caudillos se enfrascan entonces en una discusión que a cada momento se torna más y más álgida y las voces aumentan de volumen y tono; Carranza echa entonces mano a su pistola, y Villa, sin inmutarse, y confiado de lo excelente tirador que es, espera el momento oportuno para hacer lo mismo, pero no es necesario, pues Carranza coloca su arma en la mesa y le dice a Villa en tono determinante: "Mire, general, o cumple mis órdenes tal como las he dado o uno de los dos quedará muerto en este momento..."

Villa observa y piensa con rapidez, admira la temeridad y resolución de Carranza y sabe que puede eliminarlo en ese preciso momento; reflexiona acerca de su muerte que sería inútil y podría truncar el éxito de las fuerzas revolucionarias obtenido hasta ese momento; se levanta y hace un desganado saludo militar; ordena en seguida que se suspenda la orden de fusilamiento contra Manuel Chao, y, en correspondencia, Carranza nombra a otro gobernador.

Con este altercado, ambos redescubren que, por un lado, Venustiano Carranza es el líder general, y por otro, aunque Villa nunca será un subordinado de nadie tampoco podrá imponer a Carranza su ley.

También queda claro que Venustiano Carranza no puede controlar la infinidad de grupos que desean obtener la gloria en una revolución que todavía está muy lejos de consolidarse.

Las facciones existentes empiezan a identificarse con uno o con otro general; o se vuelven carrancista o villistas, no hay más. Mutuamente estos bandos se acusan por sus grandes errores o debilidades; por una parte, se inculpa a las huestes villistas de radicales, demagogos, contrarrevolucionarios, bandidos, asesinos y violadores; en cuanto a los carrancistas, son catalogados como conservadores y antirrevolucionarios.

Las diferencias se acrecientan luego de que Villa, en actitud conciliatoria, envía una carta a Carranza a propósito del primer aniversario del levantamiento contra el dictador Huerta, en la que le dice: "Señor, en este memorable día, fecha feliz para los derechos del pueblo, usted enarboló la bandera de la libertad contra los enemigos de la legalidad y de la Constitución. Yo le expreso mi júbilo y el de mis tropas haciendo votos para que pronto triunfe la lucha en que andamos y de la cual usted es el jefe."

Villa obtiene por respuesta un frío e indiferente silencio, que provoca en él cólera y que se vuelva más engreído y vanidoso, resultado de la ardua labor de sus lambiscones colaboradores, quienes aplauden y califican de genialidad todo lo que hace y dice aunque se trate de aberraciones.

Por su parte, Victoriano Huerta va de derrota en derrota, de error tras error; su relación con el gobierno de Estados Unidos está en un punto crítico. En una acción sorpresiva, el martes 21 de abril, el ejército estadounidense llega al puerto de Veracruz y ocupa los edificios públicos con algunas bajas causadas por los federales de la plaza.

Ante la invasión militar, las autoridades huertistas abandonan la ciudad, y el contralmirante Fletcher se hace cargo de gobernar la capital del estado. No será sino hasta el sábado 14 de noviembre cuando los estadounidenses reciben la orden de desocupar el puerto mexicano.

Toma de Zacatecas y ruptura
definitiva con Carranza

En cuanto a lo militar, muchos generales e incluso el mismo Venustiano Carranza reconocen la importantísima labor llevada a cabo por Villa de hacer triunfar los principios revolucionarios, sin embargo, temen que si Villa no controla su engreimiento, se empeñe entonces en llevar a cabo sus deseos de convertirse en presidente del país y gobernar a la nación como si todos sus habitantes fueran soldados dispuestos a cumplir cualquier orden que él disponga.

Estos temores no son infundados en vista de la creciente vanidad que envuelve el ego de Pancho Villa; que llegue a la presidencia es una posibilidad real que produce escalofrío a los altos militares revolucionarios, por tanto, deciden ordenarle una acción casi imposible desde el punto de vista bélico.

Pánfilo Natera, jefe de las unidades combatientes de Villa, recibe la orden de Carranza de iniciar el ataque al estado de Zacatecas al mando de algunas brigadas de la División del Norte. Villa pronostica el fracaso de la misión y no se equivoca. El miércoles 10 de junio de 1914, Natera ataca a los huertistas que resguardan la ciudad sin ningún resultado positivo para ellos, por lo que solicita el envío de refuerzos.

Carranza pide a Villa que envíe al general Robles con únicamente 3,000 hombres, con el propósito de evitar que las fuerzas de Villa predominen y no sea Natera, oriundo del lugar atacado, quien entre en la ciudad para instituirse como una nueva autoridad política revolucionaria; el general Villa enojado dice que los están enviando al matadero sin ninguna posibilidad de salvar la vida, ¡después de tanto trabajo y sacrificio para poder formar a la famosa División del Norte!

Él comprende que Carranza tiene una doble intención: por un lado quiere apoyar a Natera, y por otro trata de impedir que Villa amplíe sus dominios; Carranza cuenta con el control de las minas de carbón de Coahuila y puede presionar a Villa debido a su necesidad de aprovisionarse de combustible para sus trenes.

Por su parte, Villa está muy inquieto con lo que está sucediendo en Zacatecas; arde en deseos de moverse con toda su División por cuenta propia y utilizar sus estrategias militares para hacer valer su peso político; sin embargo, las órdenes son claras, precisas y terminantes: "General Francisco Villa, como Jefe del Ejército Constitucionalista a la cual pertenece la División del Norte, no admito preguntas ni cuestionamientos a mis órdenes, y usted debe cumplirlas cabalmente".

Esto es demasiado para un espíritu inquieto y dispuesto a la guerra como el de Villa; en un arranque de soberbia, envía a Carranza su renuncia a la jefatura de su ejército, reacción largamente esperada, y de inmediato Carranza contesta: "Aceptada la dimisión del general Francisco Villa, les ordeno que procedan a nombrar interinamente otro jefe de la División del Norte."

Pero los demás generales son fieles a Villa y se niegan terminantemente a cumplir la orden, incluso después de esta demostración de lealtad hacia él, Villa responde a Carranza: "Señor, si yo he demostrado mi capacidad para vencer al enemigo y si Zacatecas está en la línea que me corresponde, ¿por qué no me permite conquistarla?" La respuesta no puede ser otra que ésta: "No tengo necesidad de darle a usted ninguna explicación. Mis órdenes no se discuten, se cumplen, y yo sé lo que hago."

Así, entre el miércoles 17 y el lunes 22 de junio, Villa desobedece las órdenes de Carranza y se pone a la cabeza de 23,000 hombres contra el bastión del usurpador Huerta.

La ciudad de Zacatecas está rodeada de montes, no presenta extensiones abiertas típicas del paisaje norteño y es un fuerte bien defendido. El martes 23 de junio tiene lugar la batalla campal que muestra una perfecta coordinación de artillería, infantería y caballería por parte del general Villa para evitar cualquier posible huida de los federales al mando del general Luis Medina Barrón.

Esta operación bélica y estratégica, concebida en su totalidad por el general Felipe Ángeles, pasa a la historia como una maniobra tan bien planeada y ejecutada que aun ahora puede encontrarse en un manual militar.

Las tropas federales son diezmadas, y la ocupación de Zacatecas abre definitivamente a los revolucionarios del norte el camino hacia la capital, que se encuentra a solamente 600 kilómetros de distancia, para dar el golpe definitivo al gobierno del asesino Huerta.

Villa rinde su informe a Carranza y decide regresar a Chihuahua, pasar por la ciudad de Torreón sin seguir hacia el sur; éste es un grave error estratégico del *Centauro del Norte* porque deja el campo libre a los constitucionalistas de Obregón, quien pasa a la historia como el artífice de la rendición de la Ciudad de México.

Durante su estancia en Torreón, Coahuila, Villa asiste a una reunión, en el Banco de la Laguna, a la que también acuden los generales de las divisiones del Norte y Noroeste para encontrar una solución definitiva a las grandes dificultades surgidas entre Carranza y el mismo Villa.

Allí se saludan amistosamente el general José Isabel Robles, el doctor Miguel Silva, el ingeniero Manuel Bonilla y el coronel Roque González Garza por parte de los villistas, y los generales Antonio I. Villarreal, Cesáreo Castro, Luis Caballero y Ernesto Meade Fierro por la División del Noroeste.

De manera conjunta acuerdan que: "Al tomar posesión el ciudadano Primer Jefe Constitucionalista, conforme al Plan de Guadalupe, del cargo de Presidente Interino de la República, convocará a una Convención que tendrá por objeto discutir y fijar la fecha en que se verificarán las elecciones y el programa de Gobierno. La convención quedará integrada por delegados del Ejército Constitucionalista nombrados en juntas militares a razón de un delegado por cada mil hombres de tropa. Cada delegado a la Convención acreditará su carácter de tal por medio de una credencial que será visada por el Jefe de la División respectiva."

Después de estos acuerdos, que finalmente nadie respetará, Villa se da cuenta que a medida que se aleja de Chihuahua, el control político y militar de las zonas se vuelve cada vez más difícil; por esta razón prevalece la idea de reorganizar a su ejército, en vista de que el gran camino ferroviario que une al norte con la capital queda ahora libre y la Ciudad de México resulta cercana.

Después del gran triunfo de Villa en Zacatecas, el general Álvaro Obregón hace lo suyo, y al mando de su ejército ocupa la ciudad de Guadalajara el miércoles 8 de julio de 1914; por su parte, Pablo González cierra una pinza sobre la capital del país al conquistar los poblados de Ciudad Victoria, Monterrey, Tampico y San Luis Potosí. Una semana después, concretamente el miércoles 15 de julio, el dictador, asesino y traidor Victoriano Huerta presenta su renuncia a la presidencia del país y nombra a Francisco S. Carvajal, quien ocupa el cargo de ministro de Relaciones Exteriores, como presidente interino.

La noche del día de la renuncia, Huerta logra llegar al puerto de Coatzacoalcos, en Veracruz, desde donde se embarca rumbo a Estados Unidos. Por su parte, el presidente interino Carvajal quiere negociar como lo hizo Porfirio Díaz, pero la respuesta de Carranza es terminante: "rendición total e incondicional", por eso el jueves 13 de agosto también Francisco Carvajal huye del Distrito Federal siguiendo una ruta parecida a la de su antecesor: de Veracruz parte hacia Estados Unidos.

5

Primer gobierno constitucionalista revolucionario

E l jueves 13 de agosto de 1914 termina un gobierno que se distingue por su crueldad, su tolerancia para permitir traiciones, asesinatos, abusos de poder y crímenes impunes. Finalmente, después de una lucha sin tregua, el jueves 20 del mismo mes y año, el máximo jefe del ejército constitucionalista revolucionario, general Venustiano Carranza, y sus tropas entran triunfantes en la Ciudad de México. Como se esperaba, Carranza asume la presidencia interina del país, se atiene a lo estipulado en el Plan de Guadalupe y nombra como ministros a estos cercanos colaboradores, considerados los más leales: Isidro Fabela, en Relaciones Exteriores; Eliseo Arredondo, en Gobernación; Felícitos Villarreal, en Hacienda; Alberto J. Pani, en Tesorería Nacional; Félix F. Palavicini, en Instrucción Pública, y Pastor Rouaix, en Agricultura.

Es importante destacar que para que Venustiano Carranza llegara a la presidencia de México fue un logro de muchos generales y muchas tropas revolucionarias; no se debe a un solo hombre ni a una sola división, sino al concurso de todos, desde los anónimos soldados, las soldaderas o *adelitas* hasta los oficiales de todas las jerarquías. El éxito de un proyecto revolucionario de esta envergadura, insistimos, no lo logra una persona sino la participación de miles y miles de soldados (muchos de ellos incluso murieron), para dejar fuera de la administración pública del país primero al dictador Porfirio Díaz y después al traidor Victoriano Huerta.

Una vez instalado el gobierno constitucionalista y con la finalidad de limar asperezas, el general Álvaro Obregón recibe la instrucción de ir a hablar con Villa hasta la ciudad de Chihuahua, reducto imbatible del jefe de la División del Norte, a riesgo de morir en el intento.

En principio, Villa contiene las ganas de detener el tren en que viaja el comisionado de paz de Carranza y después lo recibe con la gran cortesía de que es capaz; invita a Obregón a comer en el palacio de gobierno del estado y después desfila en su honor la División del Norte. Villa le dice al sonorense:

—Mire, compañerito, ésos son los muchachos de mi compadre Urbina; aquéllos, los de Rodolfo Fierro; los de más allá son de Raúl Madero, y ahí está mi artillería mandada por el más famoso artillero de México, Felipe Ángeles, a quien conoce usted muy bien, porque estuvo bajo sus órdenes.

Pero al momento de las negociaciones para lograr la paz en el norte del país (en el sur se platica con Emiliano Zapata en los mismos términos), no hay ninguna posibilidad de entendimiento, ya que mientras para Villa la lucha armada aún no ha terminado, para Obregón es el momento de pacificar a la nación, mientras Carranza ha tomado el cargo de presidente interino.

No hay acuerdos. El viernes 25 de septiembre de 1914, en vista de que Carranza desconoce los acuerdos de Torreón por no estar avalados por algún representante suyo, Villa lanza un manifiesto a la nación para invitar a los mexicanos a que mediante el uso de las armas echen de la silla presidencial a Carranza "por ser dictatorial y menospreciar los principios de la revolución".

A esta delicada situación se agrega que estando en Ciudad Juárez, Felipe Ángeles hace llegar un telegrama a Villa en donde le dice que los generales Hill y Calles tienen una actitud "intimidatoria y amenazante"; la cólera del ensoberbecido general Villa estalla y le dice a su "invitado" Obregón:

—¡Ya está bueno de tanta tarugada!, mientras usted viene aquí fingiendo amistad, sus amigos se preparan pa'tacarme, y ¡eso no lo tolero!, ¡qué cabrones!, ¡qué se están creyendo, jijos de la rejija! ¡Es usted un traidor a quien voy a mandar que lo pasen por las armas horita mismo! ¡Conmigo no valen las chancitas!

El general Obregón serenamente contesta:

—Desde que puse mi vida al servicio de la revolución, he considerado que sería una fortuna para mí perderla en su servicio. Fusilándome me hace usted un bien, porque con esa muerte me dará una personalidad que no tengo, y en este caso el único perjudicado será usted, porque el país entero se levantará en su contra.

Sin embargo, Villa ignora estas palabras y ordena de inmediato:

—¡Oficial de guardia! ¡A ver, prepare usted en seguida un pelotón y en el acto me fusila a este generalito y a esos acompañantes!

De entre los acompañantes del general Obregón, destaca el coronel Francisco Serrano, quien en vista de la muerte inminente decide jugarse el todo por el todo. Solicita hablar con Villa y éste acepta, pues no puede negar una última petición a un condenado a muerte; Serrano le dice:

—Mire, mi general Villa, cuando en México se supo que veníamos a verlo a usted, todo el mundo nos decía que era una temeridad y una locura ir a caer en sus manos. Todavía en el camino a Torreón, mi general Obregón recibía mensajes y súplicas de amigos pidiéndole que desistiera de llegar a Chihuahua, pues toda la plática con usted, le decían, sería inútil.

Con estas primeras palabras, el coronel Serrano logra captar la atención de Villa, quien siempre se ha preocupado por lo que opine la gente sobre él, y pide al coronel que continúe:

—Nosotros nos reímos de buena gana ante tanta súplica de que no viniéramos aquí y nos reíamos porque teníamos la seguridad de que, tuvieran éxito o no las pláticas, aquí seríamos respetados. ¿Usted sabe por qué teníamos esa creencia?

—¿Por qué?

—Muy sencillo, mi general. Nunca, en la historia del mundo, se ha registrado un solo caso de que un militar valiente hasta la temeridad como lo es usted, no haya respetado la vida de los adversarios que son sus huéspedes. Yo sé que usted desea pelear con mi general Obregón, pero como los valientes, en el campo de batalla y frente a frente, como lo hacen los grandes hombres, por lo que no puedo concebir que usted pueda faltar a las leyes del honor que disponen se considere sagrada la persona de un huésped, adversario o amigo, mientras se encuentre bajo su protección.

¡Excelente jugada de ajedrez! Por el miedo a morir fusilado, el coronel Serrano juega a ganar y guarda silencio para permitir que Villa medite las palabras; poco a poco, sus facciones van transformándose, y de un gesto fiero e incluso sanguinario se dibuja una amplia sonrisa. El general termina por decir al sentenciado:

—Mire, mi coronel Serrano, usted tiene toda la razón; los huéspedes son sagrados. Está usted en lo cierto: yo quiero luchar contra el general Obregón en el campo de batalla, y allí, solitos o acompañados, darnos hartos balazos, pero aquí, en mi casa... ¡no, no y no!

Y sin dar tiempo a nada, se dirige hacia uno de sus soldados:

—¡Mayor Cañedo!, ¡retire usted el pelotón! ¡Estos señores son mis visitantes y deben ser respetados!

Rodolfo Fierro, *El Carnicero*, al escuchar la contraorden, lanza unas palabras proféticas:

—¡Esta blandura de hoy, mi general, nos va a costar mucha sangre!

Y cuando están a punto de lograr un acuerdo, los generales Hill y Calles, en un inoportuno telegrama mandado a Obregón, dicen que no obedecerán ninguna de sus órdenes mientras esté en territorio villista. Al enterarse, Villa revienta de coraje, contiene un ardiente deseo de fusilar a sus invitados y les dice:

—¡Señores, esto se terminó! ¡Lárguense de mi presencia! ¡Si nos volvemos a encontrar, será peleando en el campo de batalla, fuera de aquí!

El poder dividido

El jueves 1º de octubre de 1914, en la Cámara de Diputados de la Ciudad de México se han reunido aproximadamente ochenta representantes de los gobernadores y jefes de las divisiones revolucionarias —excepto los de los ejércitos de Villa y Zapata—; el sábado 3, Carranza dirige a la asamblea un discurso en donde manifiesta su inconformidad pero al mismo tiempo su disposición de acatar lo dispuesto por los delegados: "Señores, ustedes me confiaron el mando del Ejército en un momento de crisis para la patria; ustedes pusieron en mis manos el Poder Ejecutivo de la nación. En mí habéis depositado los destinos de la patria, y yo no puedo hacer entrega del poder que me habéis conferido, sin mengua del honor, porque así lo quiera un grupo de jefes descarriados y en evidente incumplimiento de su deber. Pero estoy dispuesto a hacer entrega del mando que me habéis confiado.

"Basta que aquí se me indique que para bien de la nación debo retirarme, para que en el acto ceda mi lugar a la persona que esta asamblea designe. Para dejar en libertad a la asamblea, me retiro, y con la conciencia tranquila, espero su resolución. Únicamente pido a los ciudadanos aquí reunidos, que en todas sus resoluciones tengan como mira el bien de la patria."

La resolución de los delegados es la de reconfirmar a Carranza como jefe provisional del Poder Ejecutivo y seguir con los trabajos de la asamblea que se trasladará a la ciudad de Aguascalientes para que puedan asistir los delegados villistas y zapatistas.

Aunque el frente revolucionario está dividido, la principal preocupación de los constitucionalistas se concentra en las fuerzas militares de Pancho Villa, quien comienza a moverse en dirección a la capital; aun así, en Zacatecas se realiza una tercera junta con Obregón, quien se compromete a transferir la Convención Revolucionaria a la ciudad de Aguascalientes, capital del pequeño estado del mismo nombre, a poco más de 500 kilómetros al norte del Distrito Federal.

La Convención de Aguascalientes representa la única oportunidad de los revolucionarios para intercambiar sus puntos de vista durante un mes completo. En este periodo,

Villa y Zapata son los principales protagonistas de la Convención de Aguascalientes.

la ciudad se convierte en un hormiguero de jefes revolucionarios seguidos de sus respectivas comitivas. Sin embargo, Venustiano Carranza aún no se adhiere a la convención; Emiliano Zapata no participa personalmente, y Pancho Villa tiene sólo una participación secundaria. Las discusiones se centran sobre problemas sociales y políticos del país, pero no se establecen acuerdos de importancia.

En los convulsionados meses del otoño de 1914, se suscitan intentos por encontrar una solución entre las partes para definir a la autoridad legítima, reconocida por todos e independiente de los jefes revolucionarios. Hasta este momento, todavía no han surgido grupos políticos organizados y se espera que la capacidad organizativa de Carranza, potencial presidente, y la fuerza de Villa, como principal brazo armado de la revolución, resuelvan la situación nacional; sin embargo, las ofensivas y las contraofensivas se alternan en tan rápida sucesión que la posibilidad de una guerra civil parece inevitable.

Convención de Aguascalientes

En la Convención de Aguascalientes, celebrada en el teatro ciudadano, participan 152 delegados, de los cuales 37 son seguidores de Villa. Quince días después llega la delegación de las fuerzas de Zapata compuesta por 26 delegados.

El miércoles 14 de octubre de 1914, después de la ceremonia de juramento, Antonio Villarreal, presidente de la asamblea de Aguascalientes, pronuncia un conmovedor discurso acerca de la revolución: "Que es sobre todo de tipo social, que nace y está alimentada por la gleba herida y hambrienta, no terminará, no llevará hasta su total cumplimiento su obra, hasta que desaparezcan de nuestro país los esclavos, que hasta hace poco tiempo había en Yucatán y en el sur, y hasta que desaparezcan de las fábricas los salarios de hambre y de nuestras ciudades los pordioseros que están en condiciones de trabajar pero que piden la limosna porque no encuentran ninguna ocupación. Debemos poner fin al sistema de peones, debemos hacer que los salarios aumenten y que disminuyan las horas de trabajo, que los jornaleros y los obreros se vuelvan [simplemente] ciudadanos [...].

"No deben existir los caprichos de los varios caudillos que nos lleven a la guerra, pero sí la coherencia de los principios, los dictámenes de la conciencia. Debemos tener el valor de decir: antes que los hombres son los principios; debemos tener el coraje de afirmar que es preferible la muerte de los caudillos para salvar el bienestar y la libertad de la patria. En vez de gritar 'vivas' a los caudillos, a quienes habrá de juzgar la historia, alcemos nuestra voz para gritar '¡Viva la Revolución!'"

La noche del miércoles 14 de octubre tiene lugar una singular ceremonia de juramento de fidelidad a la convención por parte del ejercicio constitucionalista; cada delegado coloca su firma sobre una bandera tricolor con el águila bordada en oro. Pancho Villa, que no participa en esos trabajos, afirma su representación en la persona de Roque González Garza, quien se presenta pocos días después de la inauguración, solicita prestar juramento y pronuncia un breve discurso entre los aplausos de los delegados.

La asamblea se declara Órgano Soberano y se atribuye poderes constituyentes, hace propio el programa agrario de Zapata y después de un largo debate decide desautorizar a Carranza de las funciones de jefe provisional del Ejecutivo (presidente del país) y a Villa del mando de su División del Norte.

Pero esto no es todo: el domingo 1º de noviembre se elige a Eulalio Gutiérrez, jefe revolucionario de la zona minera del norte de Zacatecas, como nuevo mandatario de la república. Gutiérrez obtiene la victoria gracias a la capacidad de mediación de Obregón, quien concentra los votos de los delegados que colaboran con Carranza, mientras que los seguidores de Villa optan por otro candidato ("divide y vencerás").

Una extraña fotografía en la que aparecen juntos y del mismo lado, Pancho Villa y Álvaro Obregón, con J. Pershing en El Paso, Texas.

La asamblea se lleva a cabo y se discute en un clima de guerra, ya que varios generales que dominan las zonas circunvecinas ubican parte de sus ejércitos en puntos estratégicos; particularmente, Villa se asienta en Zacatecas, desplazándose hacia los alrededores de Aguascalientes. El intento de sanar la discordia entre Villa y Carranza se revela como mera ilusión, pues el primero no acepta las determinaciones de la Convención y presiona a sus generales para que se retiren, por lo tanto, el martes 10 de noviembre, la asamblea lo declara en rebeldía, aunque posteriormente, la mitad de los representantes cambian de opinión.

A la resolución de dejar sin efecto la presidencia de Carranza, se aúna la de que Villa deje de ser, a su vez, el jefe de la División del Norte. El general Felipe Ángeles, delegado villista en Aguascalientes, envía un comunicado a su jefe explicándole estas decisiones: "Señor general Francisco Villa, en mensaje dirigido a esta Convención, Venustiano Carranza pone para retirarse de su cargo de Primer Jefe el requisito de que también usted se retire de su cargo de jefe de la División del Norte. Yo le aconsejo, mi general, que acepte ese requisito en beneficio de la paz de nuestro país y del desarrollo de nuestro triunfo, que es lo que todos anhelamos y que si está de acuerdo con mi consejo, después de meditarlo despacio y profundamente, pues se trata de un acto de mucha trascendencia, telegrafíe usted al general José Isabel Robles, presente conmigo, autorizándolo a que declare ante la convención que Pancho Villa está dispuesto a separarse de su mando, sabedor de que así lo exige Carranza para separarse él del suyo y que ese sacrificio es menor que el de ensangrentar otra vez nuestra República, lo cual estaba usted propuesto a hacer si Carranza seguía estorbando el desarrollo del triunfo revolucionario."

A esta petición, Pancho Villa responde a su manera, pronto, con brusquedad y determinación: "Señor general Felipe Ángeles y demás compañeros que allí se encuentran; oigo lo que me dicen tocante a las condiciones que pone Venustiano Carranza para retirarse del poder. Por mi parte propongo yo, inclinado a que se logre bien la salvación de nuestra patria, no sólo que la Convención retire a Carranza de su puesto a cambio de retirarme a mí del mío, sino que la dicha Convención, que tiene en sus manos el futuro de nuestro triunfo, ordene que nos pasen por las armas a los dos, a Venustiano Carranza y a mí, para lo cual desde ahora presto mi consentimiento, pues de ese modo quienes queden a salvar nuestra República conocerán cuáles son los sentimientos de los verdaderos hijos de México."

Desde luego, esta proposición tan descabellada no se acepta, pero sí se acuerda que el presidente interino sea Eulalio Gutiérrez, después de eliminar la propuesta del general Antonio I. Villarreal para el mismo cargo.

Sin embargo, Carranza desconoce todos los acuerdos argumentando que los delegados han sido presionados por los villistas y no sólo no renuncia al cargo de presidente del país sino que además ordena a todos los generales del ejército constitucionalista que se pongan a sus órdenes incondicionalmente.

El lunes 16 de noviembre de 1914, se cierran las sesiones de la Asamblea de Aguascalientes y se nombra a una comisión encargada de elaborar un programa de reformas, por lo que deciden marchar hacia la capital del país para dar posesión al nuevo gobierno. Presionado por el mismo Villa, Eulalio Gutiérrez, designa al general comandante en jefe del ejército de la Convención, por lo que también Obregón desconoce los acuerdos, se adhiere a la postura de Carranza y se ofrece a regresar al norte para combatir ahora sí a Villa y destruirlo de una vez por todas.

Pancho Villa se mueve con 35,000 hombres hacia el centro del país, todavía controlado por los seguidores de Carranza. El lunes 30 de noviembre llega hacia las afueras de la Ciudad de México, mientras que Zapata entra a la misma y toma palacio nacional. El miércoles 3 de diciembre, Eulalio Gutiérrez hace su entrada al Distrito Federal como nuevo presidente del país, escoltado por la División del Norte al mando de Pancho Villa y acompañado de su ministro de Gobierno, el abogado y filósofo José Vasconcelos.

El inconforme Carranza deja la capital a principios de diciembre y ordena a las tropas evacuar hacia Veracruz con todo el material bélico disponible. Esta zona está en manos de sus seguidores, pero la ciudad, la puerta principal del comercio internacional, todavía está ocupada por tropas estadounidenses.

Durante meses se entrelazan notas diplomáticas a fin de que los marines abandonen Veracruz; mientras tanto, estas fuerzas protegen a 15,000 refugiados temerosos de las represalias y en espera de embarcarse a Europa. Las negociaciones son realizadas por los representantes de Carranza, pues Villa no tiene presencia en esa región. El lunes 23 de noviembre, 17,000 soldados estadounidenses dejan finalmente la ciudad, y ésta cae bajo el control de Carranza, quien la hace sede de su gobierno provisional.

El hecho de que Carranza se instale en Veracruz, que Obregón abandone la Convención de Aguascalientes y que se manifieste la debilidad del gobierno de Gutiérrez, serán los principales obstáculos para que Villa consolide su autoridad en el plano nacional.

Villa y Zapata juntos en el Distrito Federal

En Aguascalientes no se ha llegado todavía a un acuerdo explícito entre Villa y los representantes de Zapata, que se reservan para un segundo momento la decisión de ratificar la convención. A finales de noviembre de 1914, los seguidores de Carranza abandonan la ciudad y se dan numerosas defecciones por parte de los participantes a la convención, por lo que nuevamente el problema político del gobierno nacional queda abierto. El lunes 30 de noviembre de 1914 Villa llega a la estación Tacuba, a las puertas de la capital, con 20,000 hombres y 18 trenes.

De inmediato, Villa envía una delegación para contactar a Zapata, cuyas tropas que entraron en la ciudad días antes, ya se han retirado; por temor a desatar la violencia, acuerdan una reunión entre los dos jefes en el poblado de Xochimilco, al sur de la capital y controlado por las fuerzas de Zapata.

La presencia de Pancho Villa en la Ciudad de México es breve; el martes 10 de noviembre se retira para consolidar el frente de Guadalajara; regresa el domingo 22 del mismo mes y nuevamente abandona la capital el martes 5 de enero de 1915 para irse al norte. Son días de alianza entre los dos movimientos populares más significativos; aunque esta alianza no sea tan sólida.

Apenas llegado a la Ciudad de México, Villa impone una forma de gobierno al presidente provisional Eulalio Gutiérrez y nombra a los responsables políticos así como a los del orden público en la capital. El jueves 3 de diciembre, con las nuevas autoridades al frente, Villa toma posesión del palacio presidencial y lo anuncia a la ciudadanía con el repicar de las campanas. De esta manera, el presidente Gutiérrez, sin otro apoyo importante, depende de Villa, quien toma todas las decisiones sin consultar a Zapata, quien además de tener su propio programa, también está respaldado por un ejército fuerte de 40,000 hombres que controla vastas zonas alrededor de la capital.

¿Quién tiene el poder?

El miércoles 4 de diciembre de 1914 se da el histórico encuentro entre los dos jefes populares más prestigiosos, acompañados de sus respectivas escoltas. Estos dos hombres representan realidades diversas, mundos diferentes, que pueden complementarse; ambos han sufrido en carne propia las desigualdades, prepotencia, abusos e injusticias de los acaparadores de la tierra y de los gobernantes en turno.

Emiliano Zapata representa la solidaridad comunal de los pueblos indígenas; Villa, de naturaleza solitaria e individualista con las características de los hombres del norte, busca la justicia a la que le ha dado su propia definición. Ambos se encuentran por primera vez en Xochimilco; el clima festivo favorece el intercambio de opiniones, y los dos hombres tienen una entrevista de varias horas sin testigos de por medio.

En ella acuerdan la colaboración de los respectivos ejércitos, y Villa se compromete a abastecer de ayuda militar a Zapata, quien tiene mucha necesidad de ella para continuar su campaña en el sur; respecto al plano político, Villa se manifiesta por la adhesión al programa agrario de Zapata, y ambos aplazan la solución del problema del futuro gobierno, comprometiéndose a elegir un candidato civil para presidente de la república. Finalmente, se proponen

Pancho Villa sentado en la silla presidencial, en medio de los generales Tomás Urbina y Emiliano Zapata en el histórico encuentro entre estos dos famosos revolucionarios en el Distrito Federal.

sellar su compromiso el domingo 6 de diciembre de 1914 con una entrada triunfal de los dos ejércitos en la capital del país.

La ciudad vive un clima de alegría popular, y la gente observa con curiosidad el desfile los dos ejércitos revolucionarios que cuenta a cerca de 20,000 hombres cada uno. El cortejo se abre con un escuadrón de caballería del ejército del sur y con uno de los *dorados* seguidos por Villa y Zapata. El primero lleva un uniforme oscuro y una gorra, mientras que el segundo porta el típico traje de gala del hombre mexicano de a caballo, con pantalones negros, saco amarillo y un amplio sombrero. Siguen las filas de los dos ejércitos: los de Zapata visten trajes blancos de algodón, huaraches y portan estandartes con la imagen de la Virgen de Guadalupe; los de Villa, bien vestidos y disciplinados, hacen alarde de su fuerza.

Con los miembros de las respectivas escoltas, son recibidos en palacio nacional por el presidente Eulalio Gutiérrez y por algunos representantes del cuerpo diplomático, quienes presencian el desfile desde el balcón principal entre el clamor popular. Pese a la algarabía, entre las dos facciones los problemas inician de inmediato, ya que en los órganos de gobierno existe una marcada preferencia por los jefes ligados a Villa.

Cuando está en palacio nacional, Villa se siente como en casa y sin importarle el respeto que se debe al presidente del país, tiene la osadía de sentarse en la silla presidencial rodeado de muchos de sus oficiales y acompañado por Emiliano Zapata. En esta postura políticamente incorrecta se hace retratar; esta fotografía se convierte así en un icono histórico: aunque sólo sea simbólicamente, la gente del pueblo por fin ocupa la silla presidencial.

La euforia de Villa es tal, que envanecido por esta peculiar situación, dice sonriente a quienes lo rodean.

—Ya lo ven, muchachitos. Yo podría quedarme aquí sentado y ordenar lo que quiera, pero no lo hago, aunque motivos no me falten, porque quiero dar pruebas de que no ambiciono el poder.

—¡Pos quédese sentado, mi jefe! —lo incita el ya general Fierro.

—Mira, Rodolfo, no me tientes que hartos quebraderos de cabeza tenemos para añadir otra complicación a las muchas que se nos presentan todos los días. ¡Ya he dicho que no quiero ser presidente!

—¡Ta'bueno, jefe! No se enoje... Lo dije por decir.

Por su parte, Zapata se sobrepone a la preferencia de Eulalio Gutiérrez hacia Pancho Villa e impone la creación de una secretaría para los problemas agrarios y la confía a un exponente de su movimiento; pero surge el problema de reconstruir el aparato estatal y de organizar la administración de la ciudad. Muchas familias adineradas ya han dejado la capital, por lo cual se debe controlar la requisición de esas casas abandonadas, frenar el saqueo y, sobre todo, asegurar el abastecimiento de productos de primera necesidad.

El capítulo del "terror" en la Revolución Mexicana, a diferencia de otras experiencias análogas, parece limitado, pero esto se debe sobre todo a que los exponentes de la oligarquía porfirista abandonan el país desde los primeros tiempos de la revolución; sin embargo, en la capital todavía se verifican fusilamientos de algunas personalidades del viejo régimen, de ex oficiales del ejército, pero sobre todo de militantes de las dos formaciones acusadas de colaborar con Madero o con Huerta, considerados como los dos principales enemigos de los respectivos movimientos.

Entre los casos más sonados está el del asesinato, por parte de los hombres de Villa, de un viejo periodista, opositor de Díaz y de Madero y jefe de la delegación de Zapata en Aguascalientes.

Si de incidentes con los del norte se trata, *El Centauro* no permite que nadie toque a sus famosos *dorados*. Una vez enseñoreados, en la capital del país éstos se dedican a irrumpir en cuanta cantina, bar y prostíbulo encuentran, así, una noche, un grupo de oficiales villistas entra al restaurante *Sylvain* y se sienta a cenar pidiendo una gran cantidad de comida, vinos y licores de alto costo; a la hora de pagar a los soldados no les alcanza el dinero y extienden un vale al mesero; éste, al verlo, les dice enojadísimo:

—¡Qué vales ni qué cuentos! ¡Aquí se paga con dinero contante y sonante!

Pero los villistas tampoco aceptan negativas ni gritos y desatan un gran alboroto, mismo que llega a oídos del joven y culto soldado villista David Berlanga; al acercarse al lugar del alboroto y enterarse del motivo de la discusión, dice a los soldados:

—¡Lárguense de aquí, escandalosos, que vergüenza les debe dar obrar con tan abominable ordinariez! ¡Lárguense que yo me encargo de pagar la cuenta!

Villa se entera de este escándalo, pero en vez de felicitar a su oficial por evitar más desprestigio a los revolucionarios del norte, se enoja y dice:

—¡Muy bonito! ¿Qué se habrá creído ese señorito? ¡Con mis muchachitos nadie se mete! A ver, tú, Rodolfo, en seguidita me buscas a ese Berlanga y lo fusilas.

Sin perder tiempo, con sonrisa y mirada casi demoníacas, Fierro busca a Berlanga, al encontrarlo lo lleva hasta la puerta del cuartel ubicado en San Cosme.

Berlanga no puede imaginarse que su muerte se ha ordenado y pregunta ingenuamente al general Fierro:

—¿Me va usted a encerrar aquí?

—¡No, amiguito! ¡Aquí lo voy a fusilar orita mismo!

Y sacando su pistola, descarga seis tiros al cuerpo del desafortunado Berlanga, quien así paga una "ofensa" por pretender hacer más civilizados a los *dorados* de Villa.

Los batallones rojos

Pese a las buenas intenciones, lamentablemente la colaboración entre Villa y Zapata no se consolida ni en el plano militar ni en el político ni en ninguno otro. Por otra parte, el movimiento obrero de la capital queda enlazado a Carranza, ya que en septiembre de 1912 surge la *Casa del Obrero Mundial*, a iniciativa de algunos militantes de confusa inspiración; se trata de un círculo de encuentro y de debate que reúne a las sociedades de auxilio o socorro y a las asociaciones de los artesanos de la capital. Victoriano Huerta prohibió dicha actividad, pero Álvaro Obregón, en 1914, otorga a dicho círculo obrero una sede en un convento requisado a la curia católica.

La ruptura entre la Casa del Obrero Mundial y Zapata se canaliza a través de las diversidades culturales, propias de ciertos sectores urbanos, respecto a las formas de vida cotidiana.

La separación de Villa tiene que ver con la falta de colaboración y con las dificultades de los representantes de la Convención para poner remedio a la carestía en la capital.

La situación con Villa se agudiza cuando en 1915 cientos de obreros de la fábrica de armas, de los establecimientos textiles y de la compañía de transportes crean los "batallones rojos" justamente para combatirlo. Aunque el papel de los batallones en un plano militar no será relevante, el enlace político entre Obregón y el movimiento de Carranza será decisivo en la orientación del movimiento sindical.

Los trabajadores se han unido a grupos revolucionarios que controlan sus respectivas zonas, como en el caso de los ferrocarrileros. En la industria textil, las diferencias territoriales son más marcadas; las fábricas de Puebla sufren graves parálisis por la falta de materia prima y por los continuos ataques de Zapata. Las fábricas de Orizaba y de Veracruz, en cambio, tienen abastecimientos más regulares en vista del control de la zona por parte de Carranza, mientras que en el norte, en el área dominada por Villa, se puede disponer del algodón de La laguna.

El presidente Eulalio Gutiérrez no está aún en condiciones de ejercer su poder desde la capital de la república y concibe la idea de constituir una base de apoyo en el noreste; de hecho, el sábado 26 de diciembre de 1914 intenta huir, pero una rápida acción de Villa se lo impide y queda prisionero en su propia residencia.

El sábado 16 de enero de 1915, en ausencia del *Centauro del Norte*, Eulalio Gutiérrez logra escapar hacia San Luis Potosí con una escolta militar, llevando consigo el dinero de la Tesorería general. En la capital quedan los representantes de la Convención de Aguascalientes —cuya presidencia es asumida por el general Roque González Garza— quien trata de mantener la administración aunque sólo sea la del Distrito Federal; sin embargo, los saqueos, asaltos a negocios y represalias continúan hasta que el jueves 28 de enero González Garza abandona la ciudad por presión de Álvaro Obregón.

6

La batalla de Celaya cambia el rumbo de la revolución

En vista de los acontecimientos que se han dado en la capital del país, Pancho Villa decide quedarse en sus dominios del norte para preparar una serie de ataques contra las tropas carrancistas e iniciar una nueva etapa en la Revolución Mexicana: el enfrentamiento no contra un tirano o dictador, sino contra compañeros y "hermanos" de lucha, es decir, se trata de una guerra civil grave en donde más que las ideas chocan la obstinación de Venustiano Carranza, el anhelo de venganza de Álvaro Obregón y la soberbia y vanidad de Pancho Villa.

Es precisamente este último quien empieza a conocer la dolorosa cara de la derrota en el Ébano y otros poblados aunque con algunos éxitos esporádicos en Nuevo León, Coahuila, Tamaulipas y Michoacán. Villa y Obregón, rivales encarnizados, por fin se preparan para enfrentarse en el campo de batalla; ahí, la estrategia militar, disposición de las baterías y artillerías y, sobre todo, el coraje y la valentía de los soldados determinará el triunfo de uno de los dos bandos.

El martes 6 de abril de 1915 inicia el primer combate entre tropas obregonistas y villistas; nadie da ni pide cuartel; la balanza está en su justo medio, nadie gana posiciones ni terreno ni sacrifica gran cantidad de soldados de entre los 20,000 de Villa y los 10,000 de Obregón.

Pero los acontecimientos más crueles y horrendos aún están por ocurrir. El miércoles 7 de abril, desde las cuatro de la mañana, la batalla se realiza de la forma más encarnizada; el ataque, planeado por Felipe Ángeles, emplaza a la artillería temerariamente muy cerca del enemigo, en vista de la pésima calidad de las granadas extranjeras adquiridas para otras batallas.

En cuanto avanzan, las líneas de Villa dan marcha atrás nuevamente debido a la excelente puntería de los hombres de Obregón, por lo tanto, el ganador no puede aún distinguirse. Los dos jefes militares tienen dispuestas tropas a lo largo y ancho de la ciudad, de pronto, los villistas llegan hasta las primeras líneas de defensa del enemigo, y éstos retroceden y debilitan está posición y la del centro. Por su parte, el general Villa ordena que sus líneas de derecha e izquierda avancen para intentar unirse en el centro y juntas acabar con las tropas obregonistas.

Pero las huestes de la División del Norte se quedan varadas en un campo enlodado; por lo tanto, el ataque se retrasa y los carrancistas tienen tiempo para fortalecer sus posiciones. Cuando las primeras tropas norteñas entran a las calles de la ciudad de Celaya, varios de sus jefes son abatidos; esto crea una gran confusión entre los soldados que abandonan de inmediato el terreno conquistado con el sacrificio de muchas vidas humanas.

Al cabo de un tiempo, Obregón recibe con beneplácito el refuerzo de tropas llegadas de Acámbaro y decide enfrentar a Villa en su propia terreno, a campo abierto, a riesgo de no salir vivo de ahí. Así, el general carrancista ataca por los flancos y el centro haciendo retroceder al enemigo; durante varias horas Obregón va aniquilando a las ya muy fatigadas tropas villistas, haciendo que Villa considere seriamente la posibilidad de retirarse de la batalla para evitar el exterminio de sus soldados.

Finalmente, Villa da por terminada la batalla de Celaya; calcula que 2,500 soldados de Obregón han muerto contra 2,000 de los suyos. Lamenta y llora la pérdida de oficiales como Agustín Estrada y Francisco Natera, entre otros.

En resumen, los ejércitos de Villa y de Obregón se enfrentan en Celaya por primera vez el 6 de abril, y por segunda vez los días 13 y 15 del mismo mes. Según algunos historiadores, son graves las pérdidas sufridas por el ejército de Villa (cerca de 4,000 muertos), entre los cuales se encuentran al menos cinco generales y cien oficiales, más de 5,000 heridos y 6,000 prisioneros; las manos constitucionalistas se apoderan de miles de caballos y unos treinta cañones de grueso calibre.

La táctica exitosa de Obregón consiste en atraer al enemigo a una zona que a él le conviene obligándolo a atacar; al perder éste fuerza y valor, lo va dominando hasta aniquilarlo en el momento en el cual la superioridad material y moral del ejército de Obregón elimina cualquier riesgo de sufrir una derrota, ya que acumula medios y tiene paciencia para escoger el terreno, consciente de contar con una posición ventajosa y asestar el golpe de gracia al ejército enemigo cuando está irremediablemente comprometido y con casi nulas posibilidades de retirarse sin sufrir numerosas bajas. Aunque Obregón toma siempre la ofensiva, lo hace con métodos defensivos.

El carrancista también sufre la baja de varios generales valiosos, pero lo que más lamenta es que, al proseguir los encuentros, en la refriega Obregón pierde un brazo —de ahí el sobrenombre de "manco de Celaya"—; esto sucede cuando en una inspección a las baterías, una bala perdida hace estallar una granada cerca de él y le vuela el brazo derecho; El dolor que siente es tan insoportable que ahí mismo intenta suicidarse, pero algunos de sus soldados se lo impiden. La recuperación de Obregón es difícil.

Una vez repuesto de esta pérdida, el 10 de julio Obregón ataca Aguascalientes y obliga a Villa a retirarse más al norte. El impacto psicológico de la derrota en Celaya es enorme para las brigadas de las zonas circundantes, al grado que algunas abandonan el frente de Villa. La situación empeora cuando a finales de septiembre las tropas villistas se ven obligadas a abandonar el noreste y Torreón. Esta ciudad se vuelve el punto de partida para el ataque final que los constitucionalistas de Carranza se apresuran a lanzar sobre Chihuahua.

Siguiendo la inercia de la victoria, el general Obregón persigue a los villistas hasta León y Aguascalientes y los derrota otra vez en estas ciudades. Aunque a cada caída ante el enemigo Villa se refuerza y resiste, decide regresar a su reducto más seguro: Chihuahua.

El lunes 24 de mayo de 1915, sin importar los primeros desastrosos encuentros con el ejército de Álvaro Obregón, Villa se da tiempo para emitir desde León, Guanajuato, un decreto de reforma agraria en el que destacan sus dos primeros artículos:

"**Artículo 1.** Las grandes propiedades de tierra son consideradas incompatibles con la paz y la prosperidad de la República. Por eso los gobiernos de los estados, en los primeros tres meses de la emisión de esta ley, establecerán la superficie máxima de la tierra de la que cada persona podrá ser propietaria en el ámbito del territorio del estado; ninguno podrá poseer o comprar tierras con una superficie mayor de la fijada [...]

"**Artículo 2.** Para establecer la manera de cumplir el artículo anterior, el gobierno de cada estado considerará ante todo la superficie bajo su jurisdicción, el volumen de irrigación, la densidad de población, la calidad de la tierra, la superficie actualmente cultivada y cada uno de los elementos que pudieran servir para determinar el límite, más allá del cual la gran propiedad termina volviéndose una amenaza para la estabilidad de las instituciones y el equilibrio social."

Atentados contra Pancho Villa

Una vez debilitados los *dorados* de Villa por sus derrotas consecutivas, sus enemigos creen que si no pueden matar al general en la lucha abierta, entonces intentarán hacerlo con engaños y atentados sin contar con que la astucia, mañas y paranoia de Villa lo mantienen alerta permanentemente. La empresa no será fácil.

El primer atentado lo lleva a cabo el general carrancista Pablo González, quien contacta a un peligroso prisionero de la penitenciaría del Distrito Federal, acusado de asesinato; le propone a cambio de matar a Villa una jugosa recompensa y su libertad. Este personaje es un argentino conocido como el *Gaucho* Mújica, quien acepta de inmediato el encargo a fin de no tener nada que perder.

El *Gaucho* se presenta sin tardanza ante el general Villa para ponerse a sus órdenes; le dice que odia tanto a Venustiano Carranza que nadie mejor que él puede eliminarlo. En un principio, el argentino consigue que Villa crea todo lo que dice, pues sabe expresarse bien y esto siempre llama la atención del militar, pero alguien advierte a Villa de las negras intenciones del *Gaucho*; el general lo manda llamar de inmediato, lo interroga y con su "sutileza" característica logra sacarle la verdad.

Una vez que Villa conoce las intenciones del argentino, solicita la presencia del cónsul estadounidense Corothers para que sea testigo imparcial de la intriga, y una vez que Mújica repite la confesión, es fusilado sin más.

Ya que para asesinar a Villa no basta una persona, el siguiente intento de asesinato estará a cargo de cinco personas. Villa descansa en un lugar de la sierra chihuahuense llamado Santa Gertrudis, hasta allá llegan dos hombres que se dicen carboneros que no paran en elogiar las hazañas del general y le manifiestan su deseo de "incorporarse" a la menguada División del Norte.

Desconfiado, Villa los interroga y va directo al grano,

sabiendo que con algunas mentiras se pueden sacar muchas verdades:

—Ustedes son unos asesinos y orita mismo los voy a colgar de aquel árbol, a menos que me digan todita la verdá.

Aunque tienen miedo, ocultan su cometido e insisten que han viajado muchas leguas para unirse al general y que no es justo que ahora los reciba con una amenaza de muerte.

Y a pesar de que el general Felipe Ángeles, quien es muy apreciado por su jefe, le dice que probablemente digan la verdad y que lo mejor es que regresen a su pueblo, Villa enojado, comenta.

—¡No, señor, yo arreglo estas cosas de otra manera!

En el acto ordena que cuelguen a uno de ellos delante del otro, causando un verdadero pavor al asesino principiante, pero su miedo lo hace enmudecer, hasta que escucha la siguiente orden:

—Ahora, cuelguen a éste también.

De inmediato recupera el habla y dice toda la verdad: que el general Rosalío Hernández, carrancista de reciente convicción, es quien los mandó matar a Villa, que además, al día siguiente llegarán otros tres hombres simulando ser arrieros y estar cansados de la injusticia por lo que desean ser soldados villistas.

Efectivamente, llegan los tres supuestos arrieros; de inmediato son apresados por algunos soldados, y Villa ordena.

—Ahora sí, mi general Ángeles, seguiré su consejo. A ver, muchachitos, descuelguen al muertito, lo amarran al lomo del burro y ustedes, malnacidos, se van con él, se lo entregan al general Rosalío Hernández y le dicen que si tiene lo que los hombres deben tener, que venga personalmente a matarme, que aquí lo espero.

En otra ocasión, utilizando su perspicacia, intuición y desconfianza, logra salvar una vez más su vida durante una emboscada. Villa descansa en una hacienda de Bavicura, cuyo dueño es un estadounidense enemigo suyo que al hospedarlo manda llamar al general carrancista Francisco Murguía para avisarle que Villa está durmiendo en su propia casa.

Pero Villa nunca duerme en el lugar que le asignan; esa noche sin que nadie lo vea, sale y se acomoda en un lugar más seguro aunque quizá más incómodo; nada importa si de salvar la vida se trata.

Los pequeños triunfos que representan haberse librado de estos intentos de asesinato no cubren las grandes derrotas que sigue sufriendo la División del Norte; ha perdido también en Agua Prieta, Sonora, por la estrategia de Plutarco Elías Calles y la sagacidad y capacidad militar del general Lázaro Cárdenas. La lucha empieza el martes 2 de noviembre de 1915 y termina el siguiente martes 9 del mismo mes con la huida de los villistas. A estas batallas perdidas se agregan las libradas en Hermosillo y Nogales, lugares donde también son vencidos por Diéguez y nuevamente por Lázaro Cárdenas.

A esto hay que agregar que Chihuahua, Ciudad Juárez e Hidalgo del Parral ya son bastiones carrancista. Es evidente que la buena estrella de Pancho Villa empieza a extinguirse.

Villa invade un poblado de Estados Unidos

Pancho Villa ha acumulado mucho odio hacia los traidores, en especial hacia los gobernantes de Estados Unidos, pues considera que también son traidores. Cuando él estuvo en la cúspide de su fama con un ejército de 50,000 soldados, recibió todo el apoyo y consideraciones de los vecinos de la frontera norte del país, pero a partir de sus derrotas ante el ejército del general Obregón, los ocupantes de la Casa Blanca dan su apoyo y reconocimiento a Venustiano Carranza.

Una gran ira y repudio siente Villa, quien recuerda que su animadversión hacia los estadounidenses comienza desde la ocupación del puerto de Veracruz por los marines en 1914. A esto, hay que agregar la traición y deserción de muchos "villistas de corazón".

Por esto, en una ocasión se dirige a su escasa tropa y les dice: "Amigos y servidores devotos los hay a montones cuando la fortuna sonríe, pero en cuanto viene la contraria, los ingratos, los viles, los roñosos, ¡ah, entonces se multiplican y lo hieren a uno con el abandono! La sangre se me revuelve por el cuerpo cuando veo a esos necios que antes me hacían genuflexiones y que ahora ni me miran al pasar. ¡Pero ya verán quién es Pancho Villa, esos canallas, esos cobardes!

"¡Oh, señor! ¿Acaso no he visto yo a analfabetos mezclados con los políticos y que se creen geniales? ¡Así está el mundo tan lleno de intrigas! ¿O no es intriga y de las peores, eso de entenderse gringos y carrancistas para fregarme a mí? ¡Ah, gente voraz! ¡Gente voraz con garras de tigre! Pero ya sabrán que Pancho Villa también tiene sus uñas y que sabe arañar. ¿O qué se creen? ¡A poco piensan que los voy a dejar así nomás? No soy tan guaje ni estoy tan afligido como para que me raje, yo sabré darles el castigo que se merecen a esos intrusos y estrafalarios gringos que se meten a donde no les importa.

"Yo volveré al arado, ya lo sé, pero como no tengo telarañas en los ojos y veo muy clarito quiénes son los intrigantes y no me aturden las habladurías de los sabihondos, no puedo hacer oídos de mercader, como decía el otro. Que yo no soy bueno, con el pretexto de vivir mejor, cambiar de ideas y hacer como esos sinvergüenzas que acomodan su físico a las blanduras de los salones renegando de sí mismos.

"Esas bestias con facha de persona que se cubren de grasa llevan dentro un alma muerta envuelta en la carroña de su cuerpo. ¡Y luego piden respeto para sus bienes que no son suyos, sino del pueblo! Y lo peor es que consiguen hacerse admirar por personas estúpidas. A esos brutos también hay que darles su castigo."

La gota que derrama el vaso de la ira contenida de Villa es que le hacen creer que el presidente de Estados Unidos Woodrow Wilson está dispuesto a entrevistarse con él para reconsiderar su postura de apoyo a Venustiano Carranza, pero se trata de un engaño. El jueves 2 de marzo de 1916 recibe una carta de Malville Stone en donde que le aclaran que la entrevista es un sueño, imposible de llevarse a cabo.

Y tras de decir innumerables maldiciones a "¡esos desgraciados gringos!", Villa avanza lentamente en las noches hacia la frontera norte; se estaciona durante todo un día y en la noche y madrugada del miércoles 8 y jueves 9 de marzo de 1916, al mando de cuatrocientos hombres formados en dos columnas (una para atacar a la guarnición en sus cuarteles, compuesta por 300 soldados, y la otra para atacar a la población civil), Pancho Villa irrumpe con gran estruendo en el poblado estadounidense de Columbus.

(Esta ciudad, en el estado de Georgia, al sureste de Estados Unidos, está a orillas del río Chattahoochee, debe su nombre a Cristóbal Colón, que en inglés se escribe *Christopher Columbus*.)

La crónica es la siguiente: a las 4:30 del 9 de marzo, Villa y su pequeño ejército se encuentra en los alrededores de Columbus; a una orden suya, los mexicanos atacan lanzando gritos y balazos a la población, que aturdida por el brusco despertar escucha los gritos de "¡Viva México! ¡Viva Villa, mueran los gringos!"; muchos de los habitantes que tienen la mala idea de asomarse a ventanas y balcones para descubrir qué pasa, caen muertos o heridos por las balas de los villistas, los que sobreviven corren a la parte trasera de sus casas para esconderse.

Mientras tanto, los soldados mexicanos incendian el Hotel Comercial, la oficina de correos, tiendas de muebles y numerosas casas. La muerte sorprende a cuanto infeliz se cruza en el camino de los invasores que se apoderan de cuarenta caballos, un inútil equipo militar y, desde luego, de algunas jóvenes mujeres que piden el auxilio que nunca llegará. Por tratarse de un ataque sorpresa, la guardia de Columbus logra hacer tan sólo una defensa precipitada y poco eficiente. Al amanecer de ese jueves 9 de marzo, las tropas villistas abandonan la población estadounidense.

Vergonzosa expedición punitiva

La invasión de Columbus desencadena numerosas protestas y refuerza las presiones de habitantes de Estados Unidos, quienes claman por una intervención directa a México. El presidente Wilson no lo desea, ya que está muy atento a lo que acontece en Europa con la Primera Guerra Mundial, que estalla en 1914, por lo que decide enviar solamente un contingente militar para perseguir a Villa, quien ya ha regresado a su lugar de origen con la autorización previa de Carranza.

A pesar de la negativa de Carranza, el miércoles 15 de marzo de 1916 más de 5,000 hombres, al mando del general John J. Pershing, entran por el estado de Chihuahua con el propósito de aniquilar el movimiento guerrillero y proceder, si es posible, a la captura de Villa, pero ninguno de estos objetivos se pueden llevar a cabo, ya que éste logra enfriar las relaciones entre Carranza y Wilson, aunque sin provocar la ruptura entre los dos países, deseada por muchos a ambos lados de la frontera norte.

El inconveniente para Carranza es que ve bloqueada la venta de armas y el acceso a los préstamos, que trata de obtener de Japón y Alemania, con la promesa de favorecer una colaboración económica y diplomática con tendencia antiamericana.

La "expedición punitiva" guiada por el general Pershing inicialmente se lanza hacia el interior del estado de Chihuahua. En abril de 1916 algunos contingentes llegan a Parral donde se verifican algunos incidentes con la población civil. Pershing se ve obligado a retroceder hacia el norte del estado y establece su cuartel general en Colonia Dublín, un asentamiento mormón. Por su parte, Carranza insiste en el retiro rápido e incondicional de las tropas estadounidenses, aunque éstas ven un mal menor en la incursión a territorio mexicano, pues muchos personajes influyentes de Estados Unidos exigen que se declare la guerra a México por considerar la enorme posibilidad de apoderarse de más territorio nacional.

Mientras tanto Villa, que se mueve libremente en el sur del estado de Chihuahua, adquiere enorme popularidad gracias a que aparece como el único que combate a los invasores. Carranza sólo se limita a repetir la propuesta de retiro sin llegar a la acción militar. En Chihuahua, después de años de tranquilidad, se perfila el espectro de la guerra civil; Villa hace entonces un llamado al patriotismo y trata de movilizar a la gente contra los invasores.

El *Centauro* no sólo se burla de la expedición punitiva de los vecinos del norte, también se da tiempo para continuar sus ataques a las fuerzas carrancistas. Precisamente, el lunes 27 de marzo lanzas sus tropas sobre Ciudad Camargo y logra una rápida victoria; en este combate Villa sufre una herida en la parte baja de la rodilla derecha, para protegerlo de posibles atentados, sus soldados lo llevan hasta una cueva en donde tardará en recuperarse.

A causa de la inactividad de su jefe, las fuerzas villistas nombran al general Francisco Beltrán como jefe sustituto, quien se queda con una pequeña guardia personal y comanda los ataques a otros poblados carrancistas; al ver quién está al frente de los guerrilleros, los enemigos dan por hecho que Villa ha muerto y difunden la noticia, incluso los diarios la publican en primera plana dando "pormenores" del fallecimiento del *Centauro del Norte*.

Cuando Villa lee los encabezados de estos diarios, a pesar del tremendo dolor que aún siente en su parte lesionada, no puede menos que lanzar una sonora carcajada y decir a los integrantes de su escolta:

—Bien hecho, me parece que esta noticia puede sernos

de alguna utilidad. Ya que entiendo que si me creen muerto, los gringos se irán, porque yo desaparecido, su permanencia en México no tiene razón de ser.

Y le dice a su cuñado:

—Toma el caballo y vete a Parral, diles a todos que me hirieron en Camargo y que morí dos días después.

El cuñado así lo hace. Este inteligente manejo de la opinión pública sirve para cumplir varios objetivos: primero lograr que los invasores regresen a su tierra después de la fracasada y vergonzosa expedición punitiva en territorio mexicano; segundo que Villa pueda recuperarse de su herida sin tener que cuidarse demasiado de ser descubierto; tercero proporcionar un descanso sumamente necesario a sus muy cansadas tropas, y cuarto preparar un plan de ataque a las fuerzas carrancistas y obregonistas que le devuelva su prestigio como estratega militar y líder revolucionario.

Mientras tanto, el miércoles 12 de abril de 1916 la población de El Parral se amotina cuando entra a la ciudad una columna de soldados invasores al mando del mayor Frank Tompkins; para evitar un encuentro fatal para las dos partes, se retiran a la zona límite de la ciudad.

Es necesario mencionar que los estadounidenses nunca encuentran a Pancho Villa, pues si alguien conoce el terreno ocupado es precisamente él. Incluso se dice que Villa llega a vestir a su tropa y a él mismo con el uniforme del ejército de Estados Unidos y pasar inadvertidos frente a los gringos. Aunque esta anécdota puede ser más parte de la leyenda que de la realidad, lo cierto es que los invasores jamás encuentran al revolucionario mexicano, a pesar de tenerlo tan cerca y prácticamente a su merced.

Hay un oficial villista que causa estragos entre los soldados del vecino país del norte. Se trata de Candelario Cervantes, un tipo rudo y atrevido que se dedica a asaltar convoyes y columnas estadounidenses para robarles todas sus provisiones; después de hacerlo en varias ocasiones, un mal día pierde la vida.

Por su parte Villa, una vez repuesto de su grave herida, hace su reaparición pública en el poblado de San Juan Bautista, Durango; nuevamente es el personaje más importante de diarios y periódicos que provoca la alegría en muchos de sus seguidores, y disgusto en no pocos de sus enemigos; los gringos ya han ofrecido ¡$100,000 dólares! de recompensa por él, vivo o muerto.

Venustiano Carranza, después de digerir su disgusto por esta mala nueva, ordena a todas las tropas a su mando que localicen a Villa y lo fusilen en ese mismo momento en donde quiera que lo encuentren. Tanto es su odio por Villa que al enterarse de que está en San Juan Bautista, envía un telegrama urgente al jefe de operaciones militares de Durango para exigirle que: "Precise usted en dónde está Francisco Villa". Pero la respuesta le causa un mayor disgusto: "Señor, tengo el honor de comunicarle que Francisco Villa, según informes verídicos llegados a esta Comandancia Militar, ahora se encuentra en todas partes y en ninguna."

Pero la respuesta en sí, no le produce tanta cólera como el enterarse de que su telegrama fue interceptado por Villa y la respuesta la dictó él mismo.

Villa regresa pronto a Chihuahua, reúne a seis soldados y se dedica a hacer más ruido que a conquistar ciudades como antaño, conquistas que le dieron tanta gloria y reconocimiento; en este tiempo su ejército sufre muchas bajas, entre muertes y deserciones, y por tanto únicamente ataca para aprovisionarse.

Las tropas invasoras estadounidenses padecen también una grave situación; están desalentadas por el fracaso de su misión, más aún porque muchos mexicanos se niegan a venderles forraje y provisiones a pesar de las excesivas cantidades de dinero que ofrecen pagar por ello; los guías pierden a propósito a las columnas, y en muchas poblaciones, los invasores son recibidos al grito de "¡Viva Villa, pinches gringos!". Tarde entienden que aunque Álvaro Obregón ordena a autoridades civiles y militares ayudar a la tropa de la vergonzosa expedición punitiva, éstos no ven en ellos sino a invasores.

Así, para salvarse un poco del enorme desprestigio de sus tropas, el martes 6 de febrero de 1917 el presidente Wilson ordena la repatriación de su ejército; tanto los gringos como Carranza, Villa y el país en general reciben gustosos esta noticia.

Vienen días de regocijo para el país. El 5 de febrero de 1917, en la ciudad de Querétaro, una vez reunido el Congreso Constituyente, promulgan la Constitución Política de los Estados Unidos Mexicanos.

Duro golpe a Pancho Villa

Libre del asedio estadounidense, Villa se dispone a atacar nuevamente la ciudad de Chihuahua para demostrar al mundo que no está acabado, pero la suerte ya no lo acompaña; en una escaramuza sin importancia, el mayor Rafael Mendoza es herido y apresado por la tropa carrancista y llevado hasta la ciudad.

Allí, con tal de salvar la vida ante el pelotón de fusilamiento, da a conocer el sitio en donde se encuentran las municiones de la tropa villista. Al enterarse de esto, Villa decide aun así, asaltar Chihuahua, y el domingo 1º de abril de 1917 entra en esa ciudad para ordenar al día siguiente la retirada; en esta mala jugada militar el general Francisco Murguía, quien defiende la plaza del ataque, logra apresar a más de 200 soldados villistas que más tarde serán colgados en los árboles de la Avenida Colón; con esto los carrancistas quieren mostrar que para ellos Pancho Villa ya no forma parte de la revolución.

A esta derrota le siguen otras más. Villa pierde, batallas, amigos y soldados, poco a poco se queda solo como cuando empezó a luchar contra las injusticias donde Porfirio Díaz protegía a los grandes terratenientes y caciques dueños antes de la revolución de casi el ciento por ciento de la tierra cultivable del país. En la mente de Villa aún no está escrita la palabra rendición; cree que si es necesario pelear únicamente él así lo hará, ya encontrará a algunos osados que deseen unírsele.

Algunos meses después Villa recibe noticias de Felipe Ángeles, quien ahora vive en Estados Unidos; ambos concretan una cita; al encontrarse se dan un abrazo apretado y fraternal con el que demuestran su aprecio. Ángeles quiere que Villa recupere su prestigio; aunque está consciente que el general de la desaparecida División del Norte no es apto para la política, sus dotes militares pueden aún aprovecharse sin volver a caer en el error de alabar todas sus acciones, justas o no, y consentir su soberbia.

Felipe Ángeles envía a los jefes rebeldes un cuestionario seguido de una declaración de principios para continuar en la lucha armada y una guía para saber qué hacer al triunfo de ésta. Mientras Ángeles espera las respuestas oculto en un rancho de Valle de los Olivos, en la sierra de Chihuahua, Félix Salas, para continuar con la larga lista de traiciones, revela el sitio en donde está a cambio de quince mil pesos.

Ángeles es apresado el sábado 15 de noviembre de 1919 y de inmediato es conducido a la ciudad de Chihuahua donde se enfrentará a un Consejo de Guerra presidido por el general Gabriel Gabira. El martes 25 del mismo mes es condenado a muerte para el día siguiente.

Después de escuchar su sentencia Felipe Ángeles, hombre de enorme inteligencia, no tiembla ni tiene miedo, sabe que la hora de su muerte está marcada a las 6:00 de la mañana del miércoles 26 de noviembre de 1919. Así, escribe para los integrantes del Consejo de Guerra este discurso, a manera de testamento, en donde habla de la injusta guerra contra Villa, de quien hace un retrato hablado preciso.

"A Francisco Villa lo han hecho malo tanto los gobiernos despóticos que hemos tenido como los que lo rodean. Los gobiernos, al obligarlo a una vida ilegal, lo han convertido en una fiera, mientras que los que andan con él, al aprobar sus mayores desatinos, lo han engreído. Villa en el fondo es bueno. De él hubiera podido hacer un excelente ciudadano, porque con sus amistades obra siempre con mucha bondad.

"Mi actuación al lado de Villa era sumamente delicada porque yo procuraba evitar el fusilamiento de los prisioneros. Sucede que en México obramos a impulso de muy fuertes pasiones y nunca creemos en la bondad de nuestros adversarios. Cuando penetré en Chihuahua me acerqué a Pancho Villa para pedirle que obrara con benignidad en el trato con los prisioneros e intenté pasar al sur para hacer lo mismo con los rebeldes de allí, pero me aconsejó que no lo hiciera porque mi desconocimiento del terreno facilitaría mi captura.

"El objeto que me animaba a volver con Villa era ver si podía corregir sus errores. La dominación española de tres siglos y los gobiernos despóticos que hemos sufrido han hecho del nuestro un pueblo servil, pero sumamente despiadado cuando se subleva. A este tenor, a los soldados de Villa no se les objeta ninguna de las atrocidades que se les ordena. En cuanto él abre la boca, sin saber lo que va a decir, aplauden y luego celebran regocijados sus mayores disparates.

"Del estado actual de Villa culpo a los gobiernos que no han tenido compasión por lo que respecta a los desheredados que le siguen. Yo puedo asegurar que he sostenido violentas discusiones con Villa al reprocharle muchos de sus actos, y lo hacía a sabiendas de que exponía la vida, pues todo el mundo sabe que Villa no admite la menor de las observaciones tocante a lo que él dispone. Un día llegó a decirme que yo era el único hombre que se atrevía a contradecirle, y yo le respondí que si lo contradecía era para su bien y el de México.

"Hago fervientes votos para que nuestros gobernantes puedan resolver acertadamente los arduos problemas que agobian a la nación. Digo esto para que después de mi muerte no injurien mi memoria diciendo que fui un hombre perverso. Yo deseo el bien de México, y vaya mi último aplauso para quien o quienes consigan aminorar las desgracias que afligen a los mexicanos."

La noticia de la aprehensión y la condena a muerte de Felipe Ángeles ya se sabe en todo el país; a palacio nacional llegan muchas peticiones de indulto para tan ilustre personaje de la Revolución Mexicana, pero ninguna surte efecto. Este excelente soldado y ser humano es ejecutado en la ciudad de Chihuahua el miércoles 26 de noviembre de 1919.

En el transcurso de un año, fatales acontecimientos se precipitan sobre los algunos pilares de la revolución. Venustiano Carranza ha sido electo presidente de la nación; Álvaro Obregón y Pablo González, con aspiraciones presidenciales, de héroes pasan a ser villanos, y Carranza empieza a considerarlos desde ahora sus enemigos.

A partir del momento en que Carranza asume la presidencia, recibe constantes amenazas de golpe de Estado y

Sólo tres veces llora Pancho Villa públicamente en su vida: cuando fallecen su padre adoptivo, Francisco I Madero, como en esta gráfica y Felipe Ángeles.

111

logra evitarlos; sin embargo, fuertemente presionado por varios de sus poderosos enemigos, sale del Distrito Federal la mañana del viernes 7 de mayo de 1920 en una larga marcha hacia el puerto de Veracruz; en su lento recorrido llega a la población de Tlaxcalaltongo en donde se detiene para descansar.

En ese poblado solamente hay jacales de adobe y palma, y en vez de cama hay petates; en uno de ellos se acomoda el presidente Carranza para dormir. Hacia las tres de la madrugada del jueves 20 de mayo de 1920, recibe la noticia de que la guarnición de Xico sigue fiel a su mandato; Carranza vuelve a recostarse, ahora más tranquilo, esperando seguir su marcha para enfrentar el levantamiento de Adolfo de la Huerta.

Quince minutos después, cuando todo está en calma, se escucha un perturbador ruido de fusiles que disparan hacia el jacal que ocupa Carranza; a pesar de recibir varios tiros, busca desesperadamente su arma, pero ya no tiene tiempo: los asesinos han entrado al lugar y lo matan impunemente; en seguida escapan hacia la sierra sin saberse nunca quiénes son y por qué lo hicieron.

La muerte de Carranza deja libre el camino para que Villa ataque otras ciudades como Parral y Sabinas, en el estado de Coahuila. En cuanto el nuevo presidente de la nación Adolfo de la Huerta se entera de las nuevas acciones de Villa, ordena a su amigo, el ingeniero Elías Torres que vaya hasta el lugar donde está el general y trate de convencerlo de que apoye su mandato.

Las pláticas duran varios días, ya que Villa no está dispuesto a ceder en nada; finalmente acepta de palabra un convenio de rendición. El general Eugenio Martínez se desplaza hasta Sabinas, aunque con recelo del *Centauro del Norte*, quien tiene temor de que una vez firmado, los generales Hill, Calles y Obregón desconozcan el convenio.

Por esta razón y para convencer a Villa de que será respetada su vida, De la Huerta expide el siguiente documento: "En la Ciudad de México, a los diez días del mes de julio de mil novecientos veinte. Por la presente hacemos constar que respetaremos los arreglos que el Presidente de la República, ciudadano Adolfo de la Huerta, lleve a cabo con el ciudadano general Francisco Villa y que haremos cuanto esté de nuestra parte para conseguir que en todo tiempo el referido general goce de las garantías necesarias para su seguridad personal e intereses. Plutarco Elías Calles, Álvaro Obregón, Benjamín G. Hill."

En compañía del general Eugenio Martínez, Pancho Villa lee decenas de veces el documento sin atreverse a firmarlo; una y otra vez lo guarda en el cajón de su escritorio, habla, vuelve a sacarlo, lo lee; hasta que está totalmente convencido de su validez, firma el siguiente convenio: "En el Palacio Municipal de Sabinas, Coahuila, siendo las once de la mañana del día veintiocho de julio de mil novecientos veinte, los suscritos generales Francisco Villa y Eugenio Martínez hacen constar que: Después de haber celebrado amplias conferencias a fin de consolidar la paz en los Estados Unidos Mexicanos, hemos llegado a un acuerdo satisfactorio y cordial, aceptándose por el primero de los firmantes, en nombre propio y en el de sus fuerzas, las bases que le propuso el Ejecutivo de la Unión por conducto del segundo y que a continuación se expresan.

"Primera. El general Francisco Villa depone las armas para retirarse a la vida privada.

"Segunda. El Ejecutivo de la Unión cederá en propiedad y con los requisitos legales al general Francisco Villa, la Hacienda de Canutillo ubicada en el estado de Durango, haciéndole entrega de los títulos traslativos de dominio. En dicha Hacienda deberá tener su domicilio el general Francisco Villa.

"Tercera. En el mencionado lugar tendrá el señor general Villa una escolta integrada por cincuenta hombres de su confianza, que él mismo designará y que dependerá de la Secretaría de Guerra y Marina, pagándoseles los haberes correspondientes. Dicha escolta no podrá ser removida, ni tampoco será distraída de su único objeto, que será cuidar de la seguridad personal del referido general Villa.

"Cuarta. A las demás personas que actualmente forman parte de las fuerzas del general Villa, entendiéndose tanto las presentes en esta plaza, como las que en distintos lugares del territorio nacional se encuentren cumpliendo comisiones que les haya ordenado el señor general Villa, el Gobierno les dará el importe de un año de sus haberes, según el grado que ostenten a la fecha. Además, se les darán tierras en propiedad en el lugar que indiquen los interesados para que en ellas se dediquen a trabajar.

"Quinta. A las personas que deseen continuar en la carrera de las armas, se les incorporará al Ejército Nacional.

"Sexta. El señor general Villa protesta bajo palabra de honor no tomar las armas en contra del gobierno constituido ni en contra de ninguno de sus compatriotas, ni ahora ni nunca. Por su parte, el señor general Martínez protesta en la misma forma velar para que las personas que han constituido las fuerzas del señor general Villa, así como el expresado general, gocen de las garantías efectivas.

Para su constancia_se levanta la presente, firmando ambos jefes de conformidad, a fin de que quede garantizado el cumplimiento de lo estipulado. Firmado: General de División, Francisco Villa.- General de División, Delegado del Presidente de la República, Eugenio Martínez."

Al hacerse público este convenio, la gente de los poblados por los que pasan la tropa villista, compuesta apenas por 807 soldados, recibe al general como lo que es: un verdadero héroe de la Revolución Mexicana. La gente lo adora, lo recibe con alegría y organiza fiestas en su honor; incluso el presidente De la Huerta y los generales Elías Calles y Benjamín Hill le envían sendas cartas felicitándolo por haber tomado el camino de la paz. Pese a todo, Villa aún está desconfiado, falta la misiva de adhesión de Obregón que nunca llega.

7

Los últimos años del general

Pancho Villa se instala en la hacienda de Canutillo, Durango, con su segunda esposa, la joven y bella Austreberta Rentería, seis de sus hijos y unos cuantos amigos muy allegados. Quien piense que la propiedad del líder revolucionario es una mansión en óptimas condiciones, se equivoca: se trata de una vieja construcción a punto de derrumbarse.

Villa, un hombre habituado a superar retos en su vida, no se deja desanimar por el estado desastroso en que encuentra su nueva propiedad; de inmediato, él, amigos y peones contratados *ex profeso* unen ganas, entusiasmo y dedicación para levantar no sólo el casco de la hacienda sino todos los alrededores: cultivan la tierra, construyen viviendas para sus trabajadores, dan vida a la misma capilla del lugar y levantan una escuela para los colonos de la localidad, colocando en el frontispicio, como un pequeño y sentido homenaje, un busto del general y amado amigo, Felipe Ángeles.

Villa no se conforma con haber reconstruido la hacienda entera en un par de años, además, la dota de correo, telégrafo, planta eléctrica, maestranza, talleres de carpintería y mecánica, zapatería, carnicería, tienda de comestibles y un pequeño teatro; ahora todo este conjunto integra el pequeño pero bien organizado imperio de Pancho Villa.

Pancho Villa es un hombre feliz en el retiro de las armas, en su vida familiar y en la hacienda El Canutillo.

Sin estar consciente de ello, el *Centauro del Norte* ha formado una pequeña comunidad socialista en la que cada quien trabaja a su capacidad y consume únicamente lo que necesita, sin que haya de por medio acumulación o acaparamiento de tierra o víveres.

En poco tiempo la hacienda Canutillo se hace famosa porque sus campos, que contienen la semilla de la vida, se han repartido pródigamente a sus campesinos, quienes, ahora sí agradecidos, los cultivan con gran dedicación.

Ahora, el retirado general acostumbra levantarse muy temprano y recorrer a caballo toda la hacienda; por aquí y por allá saluda, platica y enseña a quien se le acerca lo que sabe acerca del campo. A pesar de que su vientre empieza a crecer gracias a la "curva de la felicidad", a sus 44 años se ve macizo y entero, pues durante toda su vida ha hecho mucho ejercicio y, contrario a la creencia popular, nunca ha fumado ni cigarrillos ni puros, ni bebido una sola gota de vino o licor.

Villa, siendo un líder nato, continúa ayudando a campesinos de las tierras que rodean la hacienda Canutillo y se acercan a él para encontrar solución a algunos de sus problemas comunes. Para que el gobernador del estado no abuse de su poder, envía una carta a Adolfo de la Huerta, quien ahora ya no es presidente del país, pero ocupa el importante cargo de secretario de Hacienda y Crédito Público, y al actual primer mandatario, Álvaro Obregón.

La hacienda Canutillo está cercana a la ciudad de Parral, Chihuahua, y sus viajes a esta localidad son frecuentes, pues es dueño allí de un hotel que administra y visita frecuentemente. Villa se ha modernizado y ha adquirido un hermoso automóvil —un flamante Dodge— que se da el gusto de conducir.

A sus 44 años, Villa disfruta por fin de una vida tranquila; tiene una familia a la que por fin puede dedicarse y una hermosa hacienda de tierras pródigas, es dueño de un hotel y cuenta con el agradecimiento de la gente. La felicidad que nunca tuvo se le nota en su rostro, en su frecuente sonrisa; solamente en algunos momentos de soledad lo invade un desasosiego cuya verdadera razón ignora; aunque su instinto está intacto, su mente empieza a adormilarse por los encantos de la paz y tranquilidad que goza.

El ranchero y hacendado Pancho Villa crea un pequeño imperio en su hacienda en compañía de su tercera esposa, Austreberta Rentería.

Un atentado más

Cierto día, informan a uno de los hijos de Villa que del poblado de Chuviscas, el coronel Medina y ocho de sus mejores tiradores han partido hacia Parral para asesinar a Villa. De inmediato avisan el retirado general. Éste dispone que nadie diga nada y que sigan con su rutina diaria; en lo que a él respecta toma sus precauciones, carga sus dos pistolas al cinturón y se hace acompañar por no menos de cinco elementos de su escolta.

Llega el día del atentado. El general está atento y lo espera; tiende una trampa a sus agresores, y aunque dos de ellos mueren en el enfrentamiento, el resto logra escapar. Como consecuencia, disminuyen considerablemente los viajes de Villa a Parral.

Mientras tanto, el domingo 2 de septiembre de 1923 Adolfo de la Huerta renuncia a su cargo como secretario de Hacienda para que al inicio del año de 1924 pueda postularse otra vez como candidato a la presidencia; sin embargo, el actual mandatario Álvaro Obregón está en desacuerdo con ello, ya que quiere imponer a Plutarco Elías Calles como su sucesor. Así empieza una tradición nefasta que durará hasta el fin del siglo XX.

En entrevista, un periodista mexicano pregunta a Villa acerca de situaciones comprometedoras cuya importancia el general retirado no alcanza a vislumbrar; aunque ha sido duro e inteligente en el campo de batalla, no lo es en el terreno intelectual. Así, al ser cuestionado acerca de cómo ve la postulación de su amigo De la Huerta, contesta ingenuamente: "Ya le dicho que vivo en mi hacienda de Canutillo desligado de los asuntos políticos, pero es evidente que veo con gusto que don Adolfo de la Huerta sea elegido presidente de la república, tanto por ser un hombre honrado y capacitado, como por tenerle en mucha estima."

Semejante muestra de apoyo solamente puede ser vista con recelo y coraje por parte de Álvaro Obregón. Esto hará que se precipiten los fatales acontecimientos sobre el ex general Villa.

Segundo aviso

El lunes 16 de julio de 1923, Villa irá a la aldea de Río Florido para apadrinar al hijo de uno de sus amigos más cercanos y antiguo *dorado*; antes de partir al bautizo, una campesina insiste en hablar con el ex general, lo hace con tanta angustia que Villa acepta escucharla; ella le dice que no debe ir ni a Río Florido ni a ninguna otra parte, ya que está enterada de un complot para asesinarlo. Villa despide a la mujer de buena manera sin decir nada.

Lo único que consigue la angustiada mujer es que él posponga un día su partida, pues no quiere quedar mal con uno sus múltiples compadres; se despide de su esposa, quien espera otro hijo suyo, y le dice que pasará a Parral para arreglar lo de su testamento. Acude al bautizo sin que haya ningún sobresalto, pero al estar en Parral y a punto de regresar a su hacienda, nuevamente la angustiada campesina se presenta ante él e insiste en que está a punto de sufrir un atentado muy bien planeado.

Esto ya es demasiado para el *Centauro del Norte* que cansado de tanta "necedad" da dinero a la señora, le dice que no cree nada de lo que le ha dicho y le exige que nunca más vuelva a cruzarse en su camino o no responderá por una mala acción.

La señora acepta resignada el dinero y la amenaza; mientras se aleja del general, exclama al cielo: "¡Pobre de mi general Villa! ¡Pobre de mi general Villa!" Luego se pierde entre la gente. Villa nunca más volverá a saber de ella.

A las 7:20 de la mañana del viernes 20 de julio de 1923, Villa se dispone a regresar a su hacienda; a pesar de lo avanzado del día (en los pueblos la gente acostumbra levantarse entre las cuatro y cinco de la mañana), las calles están desiertas, aunque él lo nota, no hace mayor caso, simplemente revisa si sus pistolas están en su cinturón, las acomoda y continúa su viaje por las calles de Parral, acompañado en la unidad móvil por Miguel Trillo, Daniel Tamapo, Claro Hurtado y J. Rosario Rosales, seguidos por pocos hombres de su escolta.

El automóvil avanza a una velocidad regular y cruza por la Avenida Juárez para entrar a la calle Gabino Barreda; en ese momento, un anciano vendedor de golosinas observa el auto, mira con detenimiento al conductor y lo reconoce, se acerca lo más que puede y alzando los brazos grita a todo pulmón: "¡Viva Villa!" Ésta es la señal para que de inmediato, desde azoteas y ventanas, ráfagas de fusiles, ametralladoras y pistolas caigan sobre el Dodge de Villa, quien finalmente cae en un atentado mortal.

Pero antes de que el automóvil se estrelle contra un árbol, Villa logra matar a dos de sus agresores para luego caer muerto. En el cobarde atentado trece impactos de bala destrozan cráneo, cara, manos y corazón al más famoso revolucionario de México; en total son sesenta y tres disparos que caen al automóvil y acaban también con todos los acompañantes.

Al día siguiente, nadie en el pueblo de Parral y lugares circunvecinos da crédito a la mala nueva; muchos lloran la desaparición del máximo líder revolucionario del norte del país, que también fue amigo, compadre, campesino, jefe y general; tristemente es sepultado sin honores militares, pero con la participación de un gran contingente.

Los responsables están identificados como miembros del ejército de Jesús Salas Barraza, diputado en el Congreso de Durango, reconocido por él mismo y por otros como el autor intelectual del crimen; encarcelado y condenado a veinte años de prisión, Salas Barraza es indultado ocho meses más tarde, en abril de 1924, lo que confirma a muchos las sospechas de que el atentado a Villa se perpetró desde la mayor instancia gubernamental, es decir, desde la presidencia a cargo de Álvaro Obregón y de su sucesor Plutarco Elías Calles.

Parece como si morir asesinado fuera un destino al que ninguno de los grandes protagonistas de la Revolución pudo escapar: Villa, Zapata, Madero, Carranza, Felipe Ángeles e incluso el mismo Obregón, a quien la muerte lo sorprenderá también en otro atentando en el restaurante *La Bombilla* ubicado en San Ángel, Distrito Federal, en 1928.

Otro ultraje al general Villa

Pero parece ser que el odio contra Pancho Villa no termina con su muerte. En la madrugada del sábado 6 de febrero de 1926, el administrador del cementerio de Parral, Juan Amparán, se presenta ante el presidente municipal para rendir un informe: al recorrer, como es su costumbre, el cementerio, encontró la tumba de Pancho Villa abierta, rota la tapa del ataúd y el cadáver decapitado; la fosa del famoso *Centauro del Norte* ha sido profanada y su cabeza cortada y robada.

Tiempo después se sabe que un día antes del robo, el viernes 5 de febrero de 1926, un estadounidense de nombre Emilio Luis Holmdahl, acompañado del mexicano Alberto Corral son quienes hacen el último ultraje al cadáver de Villa; se llevan la cabeza a Estados Unidos y desaparecen en la distancia y el tiempo, sin que se haya vuelto a tener noticia del paradero de la cabeza del general que tanto hizo por México y por sus millones de pobres.

Pasarán algunas décadas antes de que su nombre sea esculpido en la Cámara de Diputados y no será sino hasta 1969 que se le erija un monumento ecuestre en la Ciudad de México.

Ramón Puente, médico y periodista, militante en las filas de Villa y exiliado hasta 1934, dejó muchos testimonios acerca de la revolución. En un libro publicado en 1938 describe así la muerte de Villa: "Dicen que sus últimas palabras fueron '¡Viva la raza!', pues así acostumbraba llamar a los mexicanos. Los niños que iban a la escuela fueron los primeros en conocer el hecho, ya que repicaban las campanas de las ocho. Un espléndido sol de julio iluminó la macabra escena que después resonó en todos los periódicos del mundo.

"Villa fue el único revolucionario sin fronteras, quizá por su gran humanidad y su figura legendaria. Los más reacios para reconocerlo fueron muchos mexicanos, espe-

Para la cultura popular y gente del pueblo, Pancho Villa sigue cabalgando por todo el norte de México, disfrutando de sus campos y causando miedo entre sus enemigos.

cialmente entre los intelectuales, ya que la intelectualidad dogmática es la última en entender el instinto. Oficialmente él era un proscrito que no merecía honores ni gratitud. Pero en el fondo del sentimiento popular no fue nunca condenado [...] y éste es su monumento."

Pancho Villa fue un hombre valiente que se impuso a todas las adversidades de la vida; aunque comprendió muchas e ignoró otras, supo vivir a su manera; fue un militar inteligente, excelente hijo, hermano, amigo y compadre, y un temible adversario y contrincante. De corazón siempre estuvo dispuesto a morir por su patria, su gente, su familia y por lograr la justicia.

8

El sueño de Pancho Villa

Aunque muchos atacan el lado insensible, asesino y delincuente de Pancho Villa, muchos otros reconocen que también era un idealista que soñaba con un país lleno de armonía, justicia, paz y equidad, en donde todos tuvieran un lugar digno donde vivir y trabajar, dedicarse a la actividad que más conocen y así conseguir el progreso constante, tanto en lo económico como en lo cultural. Pese a sus sueños, en la actualidad México sigue viviendo la miseria, extrema pobreza y marginación en muchas de las comunidades del país sin que hasta ahora ningún gobierno federal se preocupe realmente por ellos. Ante esta situación, surgen las siguientes interrogantes:

¿Habrá una nueva revolución?, ¿lo permitiría Estados Unidos sin intervenir en ella?, ¿surgirán otros Villa, Zapata, Ángeles, Obregón, Carranza para encauzarla por medio de leyes y constituciones? o ¿será el fin de un país que no avanza con justicia a pesar de la revolución de 1910?

No lo sabemos, pero el *Centauro del Norte* tenía ideas propias, surgidas de un pensamiento cristalino, respecto al México del futuro (¿algún día será realidad?...)

"Cuando se establezca la nueva república, no habrá más ejército en México. Los ejércitos son los más grandes apoyos de la tiranía. No puede haber dictador sin su ejército. Pondremos a trabajar al ejército. Serán establecidas en toda la república colonias militares formadas por veteranos de la revolución.

"El Estado les dará posesión de tierras agrícolas y creará grandes empresas industriales para darles trabajo. Laborarán tres días de la semana y lo harán duro porque el trabajo honrado es más importante que el pelear, y sólo el trabajo así produce buenos ciudadanos. En los otros días recibirán instrucción militar, la que, a su vez, impartirán a todo el pueblo para enseñarlo a pelear.

"Entonces, cuando la patria sea invadida, únicamente con tomar el teléfono desde el palacio nacional en la Ciudad de México, en medio día se levantará todo el pueblo mexicano de sus campos y fábricas, bien armado, equipado y organizado para defender a sus hijos y a sus hogares.

"Mi ambición es vivir mi vida en una de esas colonias militares, entre mis compañeros a quienes quiero, que han sufrido tanto y tan hondo conmigo.

"Creo que desearía que el gobierno estableciera una fábrica para curtir cueros, donde pudiéramos hacer buenas sillas y frenos, porque sé cómo hacerlos; el resto del tiempo desearía trabajar en mi pequeña granja, criando ganado y sembrando maíz.

"Sería magnífico, yo creo, ayudar a hacer de México un lugar feliz."

Libros de consulta

I. Foix, Pere. *Pancho Villa*. Sexta edición. Editorial F. Trillas, S. A. México, 1967.

II. Guzmán, Martín Luis. *Villa perdió en Celaya*. Cuadernos Mexicanos. Año II, Núm. 65. Coedición de la Secretaría de Educación Pública y CONASUPO. México.

III. Plana, Manuel. *Pancho Villa e la Revoluzione Messicana*. Giunti Grupo Editoriale, Firenze - CASTERMAN. Italia, 1994.

IV. Reed, John. *México insurgente*. Editorial Ariel Six Barral, S. A. Compañía Editorial. México, 1977.

V. Varios autores. *Ensayos de la historia de México*. Sexta reimpresión. Capítulo IV. México de 1870 a 1917 de V. Ermolaev. Ediciones de Cultura Popular, S. A. México, 1978.

VI. Varios autores. *Historia general de México*. Tomo IV. Segunda Edición Capítulo Uno "La Lucha Armada (1911-1829)" de Berta Ulloa. Editado por El Colegio de México. México, 1977.

VII. Varios autores. *Genios y líderes de la Historia*. Volumen III. Capítulo "Villa" de Marte R. Gómez. Promociones Editoriales Mexicanas, S. A. de C. V. México, 1980.

TÍTULOS DE ESTA COLECCIÓN

NOTAS

_____

_____

_____

_____

_____

_____

_____

_____

_____

_____

_____

_____

_____

_____

_____

NOTAS

NOTAS

NOTAS

NOTAS